Züb

W0320165

Ausbildung im Einzelhandel 1

Lernfelder 1–5

Arbeitsbuch mit Lernsituationen

Autoren:

Christian Fritz
Markus Hillebrand
Antje Kost
Claudia Lang
Klaus Otte
Michael Piek
Roswitha Pütz

in Zusammenarbeit
mit der Verlagsredaktion

Cornelsen

Dieses Buch wurde erstellt unter Verwendung von Materialien von: Hans-Peter von den Bergen, Bettina Glania, Hans-Peter Hrdina, Franz-Josef Kaiser, Ute Morgenstern.

Wir weisen darauf hin, dass die im Lehrwerk genannten Unternehmen und Geschäftsvorgänge frei erfunden sind. Ähnlichkeiten mit real existierenden Unternehmen lassen keine Rückschlüsse auf diese zu. Dies gilt auch für die im Lehrwerk genannten Kreditinstitute, Bankleitzahlen und Buchungsvorgänge. Ausschließlich zum Zwecke der Authentizität wurden insoweit existierende Kreditinstitute und Bankleitzahlen verwendet.

Verlagsredaktion:	Sabine Schneider
Bildredaktion:	Christina Fanselow
Außenredaktion:	Veronika Kühn, Köln
Layout:	zweiband.media, Berlin, Christoph Berten, Berlin
Technische Umsetzung:	Christoph Berten, Yella Schaube, Markus Oppermann, Berlin
Umschlaggestaltung:	zweiband.media, Berlin
Titelfoto:	shutterstock; iStockphoto (Frau mit Kind auf dem Arm, zwei junge Mädchen, junges Paar in blauer Kleidung)

www.cornelsen.de/cbb/einzelhandel

Die Links zu externen Webseiten Dritter, die in diesem Lehrwerk angegeben sind, wurden vor Drucklegung sorgfältig auf ihre Aktualität geprüft. Der Verlag übernimmt keine Gewähr für die Aktualität und den Inhalt dieser Seiten oder solcher, die mit ihnen verlinkt sind.

1. Auflage, 2. Druck 2012

Alle Drucke dieser Auflage sind inhaltlich unverändert und können im Unterricht nebeneinander verwendet werden.

© 2010 Cornelsen Verlag, Berlin

Das Werk und seine Teile sind urheberrechtlich geschützt.
Jede Nutzung in anderen als den gesetzlich zugelassenen Fällen bedarf der vorherigen schriftlichen Einwilligung des Verlages.
Hinweis zu den §§ 46, 52 a UrhG: Weder das Werk noch seine Teile dürfen ohne eine solche Einwilligung eingescannt und in ein Netzwerk eingestellt oder sonst öffentlich zugänglich gemacht werden.
Dies gilt auch für Intranets von Schulen und sonstigen Bildungseinrichtungen.

Druck: Firmengruppe APPL, aprinta Druck, Wemding

ISBN 978-3-06-450190-4

PEFC zertifiziert
Dieses Produkt stammt aus nachhaltig bewirtschafteten Wäldern und kontrollierten Quellen
www.pefc.de
PEFC/04-32-0928

Inhaltsverzeichnis

Das Modellunternehmen:
Berliner Superkauf GmbH (Beska GmbH)

1 Unternehmensporträt

Das Traditionsunternehmen Berliner Superkauf GmbH – kurz Beska GmbH – ist aus der Berliner Colonial- & Eisenwarenhandlung hervorgegangen.

Seit der Gründung im Jahr 1870 hat sich viel verändert, nicht jedoch die besondere Kundenorientierung, die seit jeher zum Leitbild des Unternehmens gehört und die sicher auch zur erfolgreichen Geschichte des Unternehmens beigetragen hat.

Sitz des Unternehmens ist die Berliner Innenstadt, in der sich später bekannte Warenhäuser, wie z. B. das KaDeWe gleich gegenüber der Beska GmbH, angesiedelt haben. Im Dezember 1883 wurde das ursprüngliche Gebäude durch einen Brand vollständig zerstört und in den Jahren zwischen 1894 und 1903 in der gegenwärtigen Gestalt neu gebaut. Im Jahre 1985 wurde das Unternehmen von der Familie Winterport gekauft.

Für das stets nach soliden kaufmännischen Prinzipien geführte Warenhaus begann 1999 ein neuer Zeitabschnitt, denn in diesem Jahr hat Herr Klaus List die Geschäftsleitung übernommen. Herr List arbeitet seitdem mit einem Team von weiteren 41 Mitarbeitern und sechs Auszubildenden zusammen. Das Personal setzt sich teils aus erfahrenen und teils aus jüngeren Mitarbeitern zusammen, die nach dem Eindruck von Herrn List mit viel Engagement und Motivation bei der Sache sind. Das Unternehmen gliedert sich in neun Warengruppen, Geschäftsführung und Verwaltung, wobei die letztgenannte Abteilung sehr verschiedene Tätigkeiten zusammenfasst. Eine Übersicht über wesentliche Firmendaten gibt die folgende Aufstellung.

Adresse	Berliner Superkauf GmbH Tauentzienstr. 60, 10789 Berlin
Telefon	030 936-0
Fax	030 936-14
E-Mail	info@Beska.de
Geschäftsführer	Klaus List
Mitarbeiter	21 Vollzeitkräfte, 20 Teilzeitkräfte, 6 Auszubildende
Abteilungen	Geschäftsführung, Verwaltung, Warengruppen 01–09

Finanzamt	Finanzamt Berlin Innenstadt, Siegstr. 235, 10249 Berlin USt-IdNr. DE 136543107
Bankverbindung	Deutsche Bank Berlin BLZ 100 700 00, Konto-Nr.: 178 604 423
	Bankgesellschaft Berlin BLZ 100 222 00, Konto-Nr.: 103 016 402
Krankenkassen	Allgemeine Ortskrankenkassen Berlin, Richard-Wagner-Str. 12–16, 10557 Berlin
	Barmer Ersatzkrankenkasse Berlin, Dachdeckerweg 101–103, 10715 Berlin
Handelsregister	Amtsgericht Berlin, Littenstr. 12–17, 10177 Berlin HRB 98 72

2 Verzeichnis der Warengruppen

Warengruppe 01 Körperpflege/Kosmetik	Warengruppe 06 Werkzeug
Warengruppe 02 Bürobedarf	Warengruppe 07 Uhren/Schmuck
Warengruppe 03 Lederwaren	Warengruppe 08 Porzellan/Glas
Warengruppe 04 Textilwaren	Warengruppe 09 Lebensmittel
Warengruppe 05 Spielwaren	

3 Lieferantenverzeichnis (Auszug)

Warengruppe	Firma	Nr.	Anschrift	Ansprechpartner
01 Körperpflege/ Kosmetik	Pflege GmbH	0101	Postfach 15 62 82317 Starnberg	Frau Öttl
02 Bürobedarf	Feinpapier AG	0201	An der Gohrsmühle 12 51465 Bergisch Gladbach	Frau Assmann
03 Lederwaren	New York Gear GmbH	0302	Hessenring 24 64572 Büttelborn	Frau Schade
04 Textilwaren	Terry Kleber AG	0402	Neulehenstr. 8 33790 Halle	Herr Frieder
05 Spielwaren	Spielewerke GmbH & Co. KG	0501	Postfach 11 52 72176 Waldachtal	Frau Rinnus
06 Werkzeug	Wuppertaler Werkzeug GmbH	0601	Postfach 15 02 40 42340 Wuppertal	Herr Werner
07 Uhren/ Schmuck	Terochron GmbH	0705	Postfach 10 56 20 69046 Heidelberg	Herr Fritscher
08 Porzellan/ Glas	Jenaer Glasfabrik GmbH	0805	Otto-Schott-Str. 13 07745 Jena	Frau Winzer
09 Lebensmittel	Ferrera GmbH	0901	August-Horch-Str. 7A 56070 Koblenz	Frau Kaufmann

4 Organigramm

Geschäftsführung

Klaus List, Geschäftsführer – Pers.-Nr.: 1

Lena Friedrich, Prokuristin – Pers.-Nr.: 2

Verwaltung/Sekretariat: Ahmet Arslan – Pers.-Nr.: 6

Warengruppe 1 – Körperpflege
- Abteilungsleitung: Alexander Adams – Pers.-Nr.: 3, Verk.-Nr.: 1
- Substitut: Ricarda Renz – Pers.-Nr.: 31, Verk.-Nr.: 28
- Verkauf: Monika Korbmacher – Pers.-Nr.: 11, Verk.-Nr.: 81
- Lea Leyendecker – Pers.-Nr.: 19, Verk.-Nr.: 16
- Mustafa Issa – Pers.-Nr.: 40, Verk.-Nr.: 37

Warengruppe 2 – Bürobedarf
- Abteilungsleitung: Konstantin Romanos – Pers.-Nr.: 21, Verk.-Nr.: 18
- Substitut: Lutz Laumann – Pers.-Nr.: 15, Verk.-Nr.: 12
- Verkauf: Franziska Hemmersbach – Pers.-Nr.: 13, Verk.-Nr.: 10
- Wilma Weber – Pers.-Nr.: 23, Verk.-Nr.: 20
- Tobias Zeitler – Pers.-Nr.: 29, Verk.-Nr.: 26
- Karin Hinsen – Pers.-Nr.: 44, Verk.-Nr.: 41

Warengruppe 3 – Lederwaren
- Abteilungsleitung: Karl Rethmeier – Pers.-Nr.: 18, Verk.-Nr.: 15
- Substitut: Karin König – Pers.-Nr.: 8, Verk.-Nr.: 5
- Verkauf: Peter Meyer – Pers.-Nr.: 34, Verk.-Nr.: 31
- Auszubildender: Marko Hinrich – Pers.-Nr.: 47, Verk.-Nr.: 44

Warengruppe 4 – Textilwaren
- Abteilungsleitung: Frank Klein – Pers.-Nr.: 45, Verk.-Nr.: 42
- Substitut: Cordula Kampe – Pers.-Nr.: 32, Verk.-Nr.: 29
- Verkauf: Paul Döring – Pers.-Nr.: 16, Verk.-Nr.: 13
- Steffen Wolff – Pers.-Nr.: 25, Verk.-Nr.: 22
- Jan Andres – Pers.-Nr.: 35, Verk.-Nr.: 32
- Auszubildender: Josef Henseler – Pers.-Nr.: 17, Verk.-Nr.: 14

Warengruppe 5 – Spielwaren
- Abteilungsleitung: Arno Jansen – Pers.-Nr.: 5, Verk.-Nr.: 3
- Substitut: Theresa Trautmohn – Pers.-Nr.: 20, Verk.-Nr.: 17
- Verkauf: Ernst Ebersbach – Pers.-Nr.: 7, Verk.-Nr.: 4
- Hans Baumbach – Pers.-Nr.: 9, Verk.-Nr.: 6
- Kornelius Kronenberg – Pers.-Nr.: 14, Verk.-Nr.: 11
- Claudia Schugt – Pers.-Nr.: 36, Verk.-Nr.: 33

Warengruppe 6 – Werkzeug
- Abteilungsleitung: Pia Pfeiffer – Pers.-Nr.: 27, Verk.-Nr.: 24
- Substitut: Carla Düster – Pers.-Nr.: 4, Verk.-Nr.: 2
- Verkauf: Fabian Fuchs – Pers.-Nr.: 10, Verk.-Nr.: 7
- Rolf Tillmanns – Pers.-Nr.: 30, Verk.-Nr.: 27
- Klaus Ziegler – Pers.-Nr.: 37, Verk.-Nr.: 34

Warengruppe 7 – Uhren/Schmuck
- Abteilungsleitung: Beate Dietrich – Pers.-Nr.: 41, Verk.-Nr.: 38
- Substitut: Sonja Sawitzki – Pers.-Nr.: 24, Verk.-Nr.: 21
- Verkauf: Susanne Schellenberg – Pers.-Nr.: 28, Verk.-Nr.: 25

Warengruppe 8 – Porzellan/Glas
- Abteilungsleitung: Markus Bergfelder – Pers.-Nr.: 12, Verk.-Nr.: 9
- Substitut: Manuela Maus – Pers.-Nr.: 26, Verk.-Nr.: 23
- Verkauf: Stefan Marr – Pers.-Nr.: 42, Verk.-Nr.: 39
- Auszubildender: Abdu Özbek – Pers.-Nr.: 43, Verk.-Nr.: 40

Warengruppe 9 – Lebensmittel
- Abteilungsleitung: Sabine Tommvorde – Pers.-Nr.: 38, Verk.-Nr.: 35
- Substitut: Stefan Schmitz – Pers.-Nr.: 33, Verk.-Nr.: 30
- Verkauf: Max Matzerath – Pers.-Nr.: 22, Verk.-Nr.: 19
- Auszubildende: Thorsten Töller – Pers.-Nr.: 46, Verk.-Nr.: 43
- Andrea Löchel – Pers.-Nr.: 39, Verk.-Nr.: 36
- Petra Theisen – Pers.-Nr.: 48, Verk.-Nr.: 45

5 Gesellschaftsvertrag

§ 1 Firma und Sitz der Gesellschaft

1. Die Firma der Gesellschaft lautet: Berliner Superkauf Gesellschaft mit beschränkter Haftung.
2. Sitz der Gesellschaft ist Berlin.

§ 2 Gegenstand des Unternehmens

Gegenstand des Unternehmens ist der Handel mit Körperpflege-/Kosmetikartikeln, Lebensmitteln, Bürobedarf, Lederwaren, Textilien, Spielwaren, Werkzeug, Uhren/Schmuck, Porzellan/Glas als Einzelhandel. Die Gesellschaft darf andere Unternehmen gleicher oder ähnlicher Art übernehmen, vertreten und sich an solchen beteiligen; sie darf auch Zweigniederlassungen errichten.

§ 3 Stammkapital

1. Das Stammkapital der Gesellschaft beträgt 600.000 € (in Worten: sechshunderttausend Euro). Davon übernehmen:

a) Herr Winterport, Berlin, eine Stammeinlage von 300.000 €.

b) Frau Winterport, Berlin, eine Stammeinlage von 150.000 €.

c) Frau Brevenstein, geb. Janssen, Berlin, eine Stammeinlage von 150.000 €.

2. Die Gesellschafter leisten ihre Einlagen in Geld. Je 50 % der Stammeinlage sind sofort zur freien Verfügung der Gesellschaft einzuzahlen, die Restbeträge sind nach Aufforderung der Geschäftsführung zu leisten.

§ 4 Dauer der Gesellschaft, Geschäftsjahr, Kündigung

1. Die Gesellschaft wird auf unbestimmte Zeit errichtet.
2. Geschäftsjahr ist das Kalenderjahr.
3. Jedem Gesellschafter steht ein Kündigungsrecht mit einjähriger Frist zum Jahresende zu.

§ 5 Organe der Gesellschaft

Die Organe der Gesellschaft sind

a) der Geschäftsführer und

b) die Gesellschaftsversammlung.

§ 6 Geschäftsführer

1. Die Gesellschaft hat einen oder mehrere Geschäftsführer.
   Sind mehrere Geschäftsführer bestellt, so wird die Gesellschaft durch je zwei Geschäftsführer gemeinschaftlich vertreten.
2. Zum Geschäftsführer wird bestellt:
   Herr Riehler. Er ist von den Beschränkungen des § 181 BGB befreit.

§ 7 Gesellschafterversammlung und Stimmrecht

1. Alljährlich findet innerhalb von 6 Monaten nach Schluss des vorangegangenen Rechnungsjahres eine ordentliche Gesellschafterversammlung statt. Diese beschließt über die:
   - Feststellung des Jahresabschlusses für das vorangegangene Geschäftsjahr
   - Verwendung des Ergebnisses der Unternehmung
   - Entlastung der Geschäftsführer
   - Wahl eines eventuell zu bestellenden Abschlussprüfers
2. Je 1.000 € eines Geschäftsanteils gewähren eine Stimme.

§ 8 Jahresabschluss

Innerhalb der ersten drei Monate nach Abschluss eines Geschäftsjahres hat die Geschäftsführung den Jahresabschluss und den Lagebericht aufzustellen und diese zusammen mit einem Vorschlag zur Ergebnisverwendung der ordentlichen Gesellschafterversammlung vorzulegen. Der Jahresabschluss ist nach den gesetzlichen Vorschriften und Gliederungen zu erstellen.

§ 9 Bekanntmachungen

Bekanntmachungen der Gesellschaft werden im Bundesanzeiger veröffentlicht.

Berlin, den 15.11.1985

Winterport Winterport Brevenstein

Änderung des Gesellschaftsvertrages § 6 (2) durch die Gesellschafterversammlung am 17. Mai 1999:

Zum Geschäftsführer ab dem 01. Juli 1999 wird Herr Klaus List bestellt und löst damit Herrn Riehler ab.

Berlin, den 17. Mai 1999

Winterport Winterport Brevenstein

Der Gesellschaftsvertrag samt Änderungen wurde von Rechtsanwalt und Notar Dr. Gregor Grüner, Berlin, notariell beglaubigt.

Situation

Kapitel 1.1

Lernsituation 1
Grundlagen wirtschaftlichen Handelns

http://www.travelandwork.com/forum.html

travel & work

Mitglieder-Forum

travel&work | Infos | Meine Reise | Buchen | Kontakt

Kosta-Supasta

Hi Steffi! Was hast du am Wochenende so gemacht – außer lange zu schlafen?

Steffi19

Erstmal samstags vormittags arbeiten im Jeansshop – da hab ich die Stelle als Verkaufsaushilfe seit ein paar Wochen. Das macht Spaß, in dem Laden zu arbeiten – da sind ganz nette Kunden und ich verdiene ein bisschen dazu, sodass ich schon mal für mein travel&work in Kanada sparen kann.

Stell dir vor – beim Friseur hab ich gedacht: Die kenn ich doch, die Friseurin – klar, sie hat mich auch wiedererkannt, weil sie am Tag vorher bei uns im Jeansladen noch eine Hose gekauft hatte. Wir haben ganz nett gequatscht und sie sagte: Bis bald – dann wieder bei dir im Jeansladen!

Ich war Sonntag noch auf dem Rheinauen-Trödel und hab nach langer Verhandlung endlich eine coole 80er-Jahre-Handtasche bekommen – den Verkäufer hab ich von 50 Euro auf 30 runtergehandelt, ich denke weil es kurz vor Schluss war und er die Tasche auch nicht mehr wieder mit nach Hause nehmen wollte.

Furchtbar sind die Busverbindungen am Wochenende bei uns ....

Gefühlte Stunden stand ich gestern an der Bushaltestelle vor einem dieser Wahlplakate, wo groß draufsteht „Wirtschaft geht uns alle an!“, und dachte nur – bin ich froh, dass ich nichts mit Wirtschaft zu tun habe!!

Kosta-Supasta

Hab ich auch letztens gedacht – die Wirtschaft muss erstmal ohne mich auskommen, will ich auch nichts mit zu tun haben, da sollen sich mal besser die Manager drum kümmern.

Ach ja, du bist ja noch „Busfahrerin“ – wann hast noch mal Führerscheinprüfung?
Ich hab mich jedenfalls mal wieder gewundert, beim Tanken, wusstest du, warum Benzin so teuer ist? Ich hab an der Zapfsäule so eine Grafik gesehen: Bei einem Benzinpreis von 1,50 Euro pro Liter zahle ich 89,4 Cent ans Finanzamt – ganz schön heftig.

Zum Friseur sollte ich auch mal wieder– ich sehe irgendwie zugewachsen aus ... ;-)

Ich hab übrigens auch mittlerweile einen Job – als Auslieferungsfahrer für meinen Onkel, der ein Erdbeerfeld in der Voreifel hat – da fahre ich samstags ganz früh morgens mit Onkels Lieferwagen die Ware zu den Einzelhändlern – so kann ich auch schon mal etwas verdienen für mein travel&work.

Weißt du schon, wie viel Geld du brauchst für Kanada?

Steffi19

Nein, weiß ich noch nicht so genau – ich versuche mit 1.500 Euro so lange wie möglich dort zu bleiben.

Kosta-Supasta

Ich rechne anders – ich überleg mir, wie viel Geld ich brauche, um genau ein halbes Jahr zu bleiben.

Untersuchen Sie die Beiträge von Kosta und Steffi mit Hilfe folgender Fragestellungen:

1. Steffi und Kosta planen einen Auslandsaufenthalt. Dazu sparen sie Geld, das sie sich mit Jobs nebenbei verdienen. In welcher Art und Weise „wirtschaften“ Steffi und Kosta? Begründen Sie Ihre Antwort.

2. Ordnen Sie die Aussagen von Steffi und Kosta den Wirtschaftsbereichen zu:
a) private Haushalte
b) Unternehmen
c) Staat
d) Ausland

3. Kosta plant einen Friseurbesuch.
a) Welches Bedürfnis steckt dahinter?
b) Welchen Bedarf hat er?
c) Was wird er schließlich nachfragen?

4. Steffi verkauft als Aushilfe Jeanshosen – Kosta liefert mit einen Lkw als Fahrer Obst aus – die Friseurin bietet Haarschnitte an.
Ordnen Sie die Wirtschaftsgüter in folgende Übersicht ein.

5. Welche Produktionsfaktoren erkennen Sie in den Berichten von Steffi und Kosta?

6. Welche Arbeiten werden geteilt (Arbeitsteilung) auf dem Weg der auszuliefernden Erdbeeren von der Ernte bis zum Verkauf?

7. Ordnen Sie die folgenden Aussagen den entsprechenden Wirtschaftsstufen zu:
a) Kostas Onkel betreibt ein Erdbeerfeld in der Voreifel.
b) Steffi verkauft Jeans.
c) Die Jeans werden in einem Werk in Indonesien hergestellt.
d) Kosta hat einen Job als Auslieferungsfahrer.
e) Die Friseurin beherrscht unterschiedlichste Haarschnitte.

8. Nach welchen Prinzipien planen Steffi und Kosta ihren Auslandsaufenthalt?

9. Erklären Sie den einfachen Wirtschaftskreislauf anhand Steffis Friseurbesuch bzw. dem Jeanskauf der Friseurin.

10. „Angebot und Nachfrage bestimmen den Preis.“ Erklären Sie die Aussage kurz anhand Steffis Handtaschenkauf auf dem Trödelmarkt.

11. Sind Sie auch der Auffassung, dass Steffi und Kosta nichts mit Wirtschaft zu tun haben? Wenn nicht, dann schreiben Sie doch einfach einen Antwortbeitrag im Forum. Dabei können Sie sich an den vorherigen zehn Fragen orientieren.

Arbeitsblatt 1.1 Vom Bedürfnis zur Nachfrage

		Bedürfnis	Bedarf	Nachfrage
Erklärung		Verlangen etwas nach	Das was man am Markt äußern will	Das Produkt kaufen
Beispiele	1.	Durst	ein kühles Getränk	einen Eistee kaufen
	2.	Wohlfühlen	Neue Jeans kaufen	Im Geschäft eine Jeans kaufen
	3.	Sich hübscher fühlen	Beaty - OP	Sich beim chinesen gegen opperieren lassen
	4.	Hunger	eine warme Mahlzeit	Pizza kaufen
	5.	Sicher fühlen	neues Schloss an der Haustür	Schlüssel dienst beauftragen und bezahlen.

Arbeitsblatt 1.2 Ökonomisches Prinzip

Ökonomisches Prinzip mit zwei Ausprägungen

______ prinzip	______ prinzip
Beispiele: 1. Mit einem Einkaufszettel im Supermarkt so günstig einkaufen wie möglich.	**Beispiele:** 1. Mit einem festen Betrag so viel einkaufen wie möglich.
2. Auf gutes Zeugnis mit möglich wenig Aufwand	2. Eine Hose solange wie möglich anziehen
3. Ein großes Haus für so wenig geld wie möglich	3. Ein Handy solange wie möglich benutzen
4. ~~Ab~~ Viele Tiere mit ~~wenig~~ möglich wenig Arbeit verbunden	4. Mit 100€ so lange wie möglich auskommen

Arbeitsblatt 1.3 Wirtschaftskreislauf

Entscheiden Sie, ob die folgenden Aussagen auf den

a) einfachen Wirtschaftskreislauf,
b) erweiterten Wirtschaftskreislauf mit drei Bereichen oder
c) auf keinen der beiden Wirtschaftskreisläufe zutreffen.

Kreuzen Sie zutreffende Aussagen an. Mehrere Antwortmöglichkeiten können richtig sein.

Aussagen	einfacher Wirtschaftskreislauf	erweiterter Wirtschaftskreislauf	keiner der beiden Wirtschaftskreisläufe
In diesem Wirtschaftskreislauf werden die Beziehungen zwischen Unternehmen und Haushalten dargestellt.	☒	☐	☐
Die Unternehmen zahlen Steuern.	☐	☒	☐
Die privaten Haushalte geben ihr gesamtes Einkommen für den Konsum aus.	☒	☐	☐
Die Banken geben Kredite an die Unternehmen.	☐	☐	☒
Der Staat zahlt Löhne und Gehälter an die privaten Haushalte.	☐	☒	☐
Dieser Wirtschaftskreislauf besteht aus den privaten Haushalten, den Unternehmen und dem Staat.	☐	☒	☐
Die privaten Haushalte erhalten Transferzahlungen.	☐	☒	☐
Die Unternehmen erhalten nur Konsumausgaben.	☒	☐	☐
Die privaten Haushalte stellen den Unternehmen Arbeit, Boden und Kapital zur Verfügung.	☒	☐	☐
Das Ausland erhält von den Unternehmen Waren und Dienstleistungen.	☐	☐	☒
Die privaten Haushalte erhalten vom Staat Subventionen.	☐	☒	☐

Aufgabe 1

Der unten stehende, unvollständig abgebildete einfache Wirtschaftskreislauf stellt Güter- und Geldströme zwischen den einzelnen Wirtschaftseinheiten dar.

a) Ordnen Sie folgende Begriffe richtig zu und tragen Sie diese in die rechteckigen Felder der Skizze ein: Güterstrom – Unternehmen – Boden, Arbeit, Kapital – private Haushalte – Geldstrom – Konsumausgaben

b) Vier der folgenden sechs Situationen beschreiben die wirtschaftlichen Beziehungen zwischen Unternehmen und den privaten Haushalten. Welche sind das? Tragen Sie die entsprechende Ziffer in die unten stehende Skizze ein.

① Die Beska GmbH überweist einem Mitarbeiter 500,00 € Umsatzprämie.
② Der Geschäftsführer der Beska GmbH bringt seinen Geschäftswagen zur Inspektion in die Autowerkstatt.
③ Der Geschäftsführer überweist die Kfz-Steuer für die Geschäftsfahrzeuge an das Finanzamt.
④ Ein Kunde kauft bei der Beska GmbH eine Bohrmaschine.
⑤ Der Kunde bezahlt mit Kreditkarte.
⑥ Für Inventurarbeiten werden drei zusätzliche Aushilfskräfte beschäftigt.

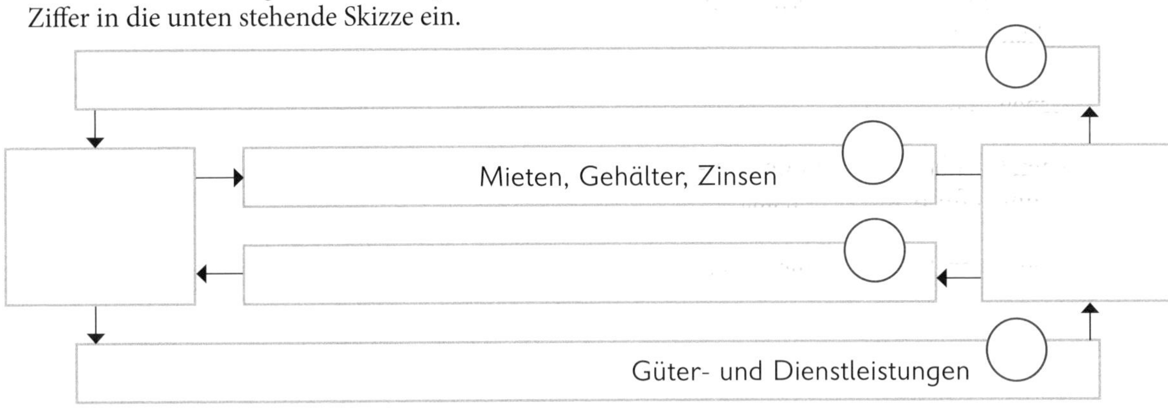

Aufgabe 2

Im einfachen Wirtschaftskreislauf werden die privaten Haushalte und die Unternehmen abgebildet. Welche der unten aufgeführten Tätigkeiten trifft auf den privaten Haushalt zu?

Die privaten Haushalte
a) fragen am Markt Konsumgüter nach.
b) stellen für den Markt Konsumgüter her.
c) bieten auf dem Markt Investitionsgüter an.
d) fragen am Markt Produktionsfaktoren nach.
e) fragen am Markt Investitionsgüter nach.

Aufgabe 3

Die Unternehmen haben im einfachen Wirtschaftskreislauf eine bestimmte Aufgabe. Welche ist das?

Die Unternehmen haben die Aufgabe,
a) Konsumgüter aus Produktionsfaktoren herzustellen.
b) bei der Produktion Produktionsfaktoren einzusetzen.
c) an die Haushalte Produktionsfaktoren zu verteilen.
d) den Haushalten Produktionsfaktoren zur Verfügung zu stellen.
e) Produktionsgüter durch Produktionsfaktoren zu ersetzen.

Aufgabe 4

Welche zwei Aussagen betreffen den einfachen Wirtschaftskreislauf?

a) Die Wertschöpfung fließt in vollem Umfang den privaten Haushalten zu.
b) Die gesamtwirtschaftliche Nachfrage beschränkt sich auf den Konsum der privaten Haushalte.
c) Faktoreinkommen umfasst ausschließlich Entgelte für die Faktorleistung Arbeit.
d) Private Haushalte erhalten im Falle der Bedürftigkeit Transfereinkommen.
e) Staatliche Güterproduktion trägt zur Wertschöpfung bei.
f) Exporte erhöhen die inländische Wertschöpfung.

Aufgabe 5

Tragen Sie folgende Begriffe in die leeren Felder der nachfolgenden Übersicht ein.

① Bergbaubetriebe – ② Industriebetriebe – ③ primärer Sektor – ④ Betriebe der Weiterverarbeitung – ⑤ Einzelhandel – ⑥ Forstbetriebe – ⑦ Handel – ⑧ Handwerksbetriebe – ⑨ Banken – ⑩ Betriebe der Rohstoffgewinnung – ⑪ tertiärer Sektor – ⑫ Betriebe der Gas- und Ölgewinnung – ⑬ Fischereibetriebe – ⑭ Schreinerei – ⑮ andere Dienstleistungsbetriebe – ⑯ Transportunternehmen

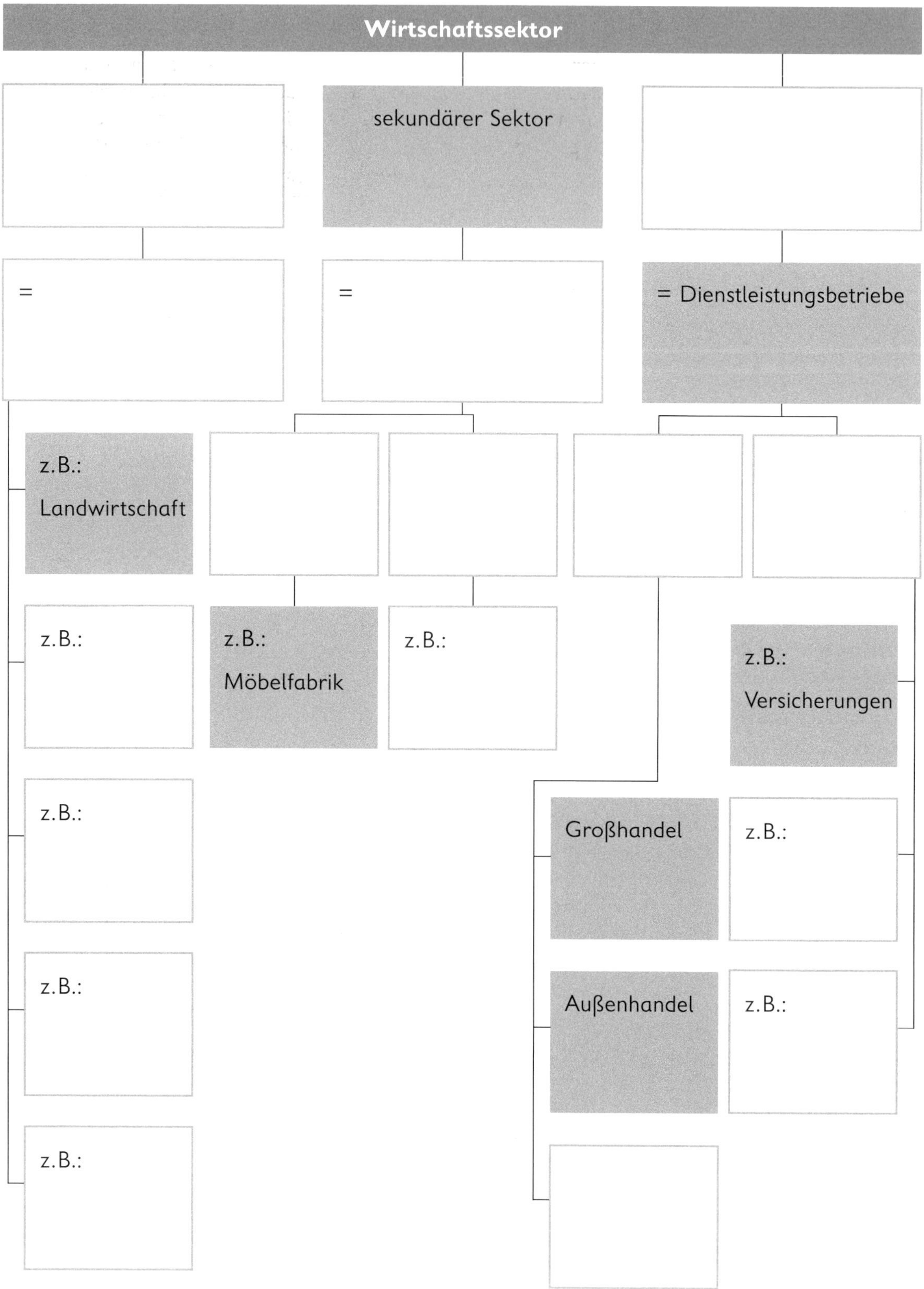

Lernsituation 2 Marktpreisbildung

Kapitel 1.4

Sie planen, bei einem Internet-Auktionshaus ein neues Handy zu verkaufen, das Sie bei einer Tombola gewonnen haben. Im Vorhinein möchten Sie gern wissen, welchen Preis Sie erzielen können (vgl. Angebote und Nachfrage auf der nächsten Seite). Zeichnen Sie dazu unter Berücksichtigung der folgenden Fragen eine Grafik. Runden Sie die Preise dazu auf.

1. Wie viele Bieter (Nachfrager) sind bereit, einen geringen Preis / hohen Preis zu zahlen? Bedenken Sie dabei, dass die Bieter mit hohen Geboten selbstverständlich auch für einen geringeren Preis kaufen würden.

2. Wie viele Anbieter gibt es demgegenüber, die bereit wären, das Gerät zu einem geringen/hohen Festpreis zu verkaufen? Bedenken Sie dabei, dass Anbieter mit einem niedrigeren Sofortkaufangebot selbstverständlich auch für einen höheren Preis verkaufen würden.

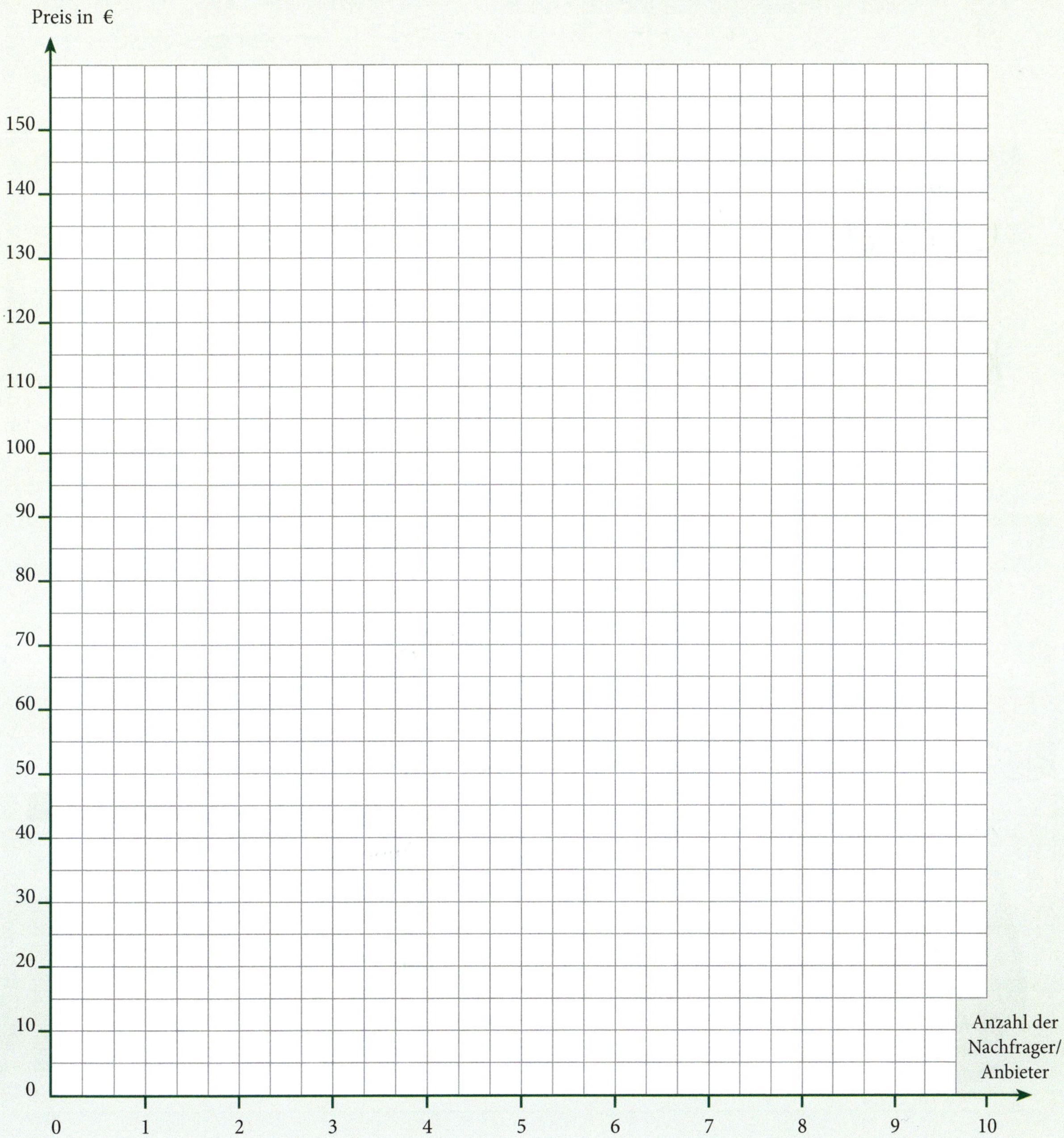

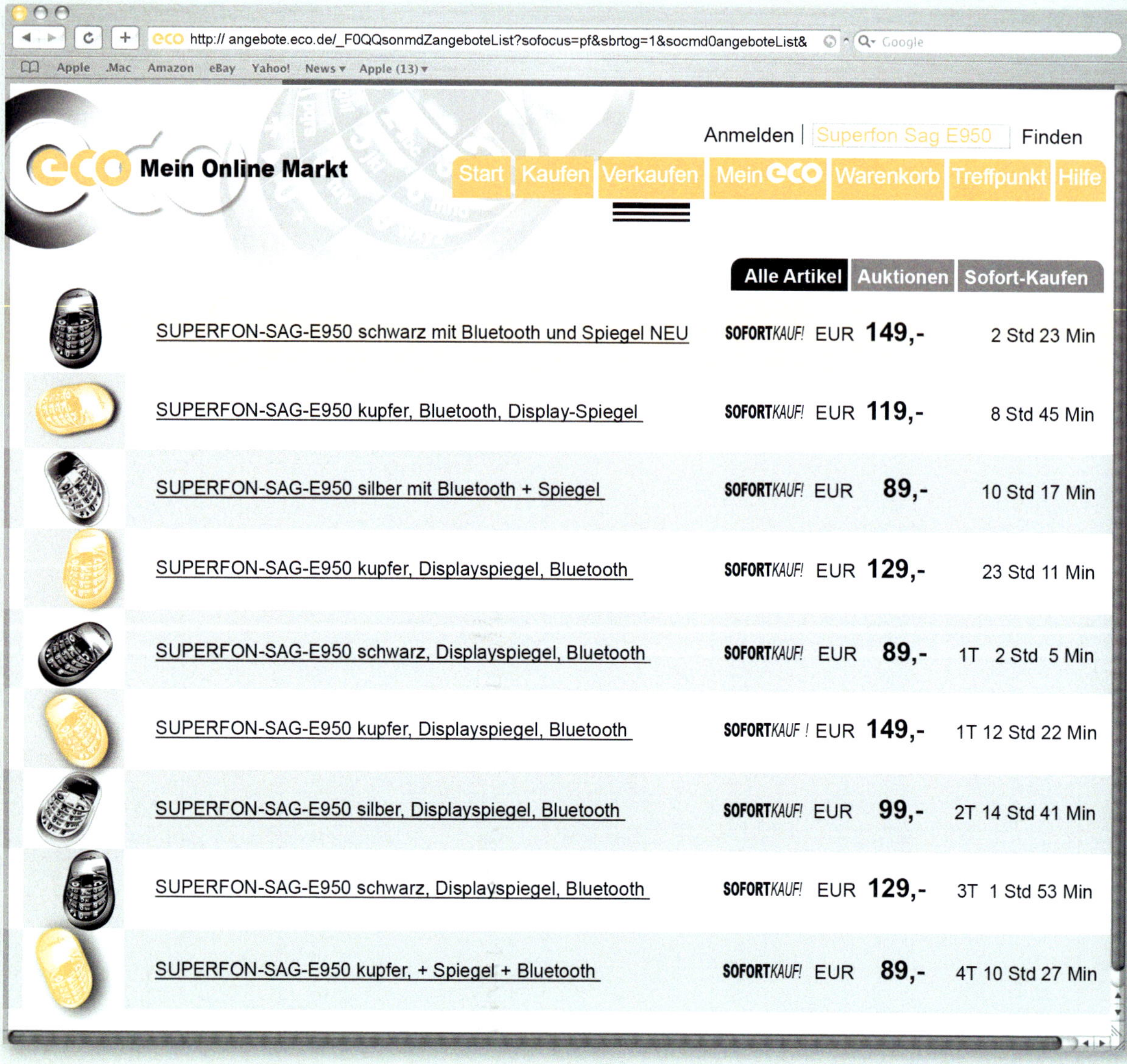
http:// angebote.eco.de/_F0QQsonmdZangeboteList?sofocus=pf&sbrtog=1&socmd0angeboteList&
Apple .Mac Amazon eBay Yahoo! News Apple (13)
Anmelden | Superfon Sag E950 Finden
eco Mein Online Markt
Start Kaufen Verkaufen Mein eco Warenkorb Treffpunkt Hilfe
Alle Artikel Auktionen Sofort-Kaufen
SUPERFON-SAG-E950 schwarz mit Bluetooth und Spiegel NEU SOFORTKAUF! EUR 149,- 2 Std 23 Min
SUPERFON-SAG-E950 kupfer, Bluetooth, Display-Spiegel SOFORTKAUF! EUR 119,- 8 Std 45 Min
SUPERFON-SAG-E950 silber mit Bluetooth + Spiegel SOFORTKAUF! EUR 89,- 10 Std 17 Min
SUPERFON-SAG-E950 kupfer, Displayspiegel, Bluetooth SOFORTKAUF! EUR 129,- 23 Std 11 Min
SUPERFON-SAG-E950 schwarz, Displayspiegel, Bluetooth SOFORTKAUF! EUR 89,- 1T 2 Std 5 Min
SUPERFON-SAG-E950 kupfer, Displayspiegel, Bluetooth SOFORTKAUF! EUR 149,- 1T 12 Std 22 Min
SUPERFON-SAG-E950 silber, Displayspiegel, Bluetooth SOFORTKAUF! EUR 99,- 2T 14 Std 41 Min
SUPERFON-SAG-E950 schwarz, Displayspiegel, Bluetooth SOFORTKAUF! EUR 129,- 3T 1 Std 53 Min
SUPERFON-SAG-E950 kupfer, + Spiegel + Bluetooth SOFORTKAUF! EUR 89,- 4T 10 Std 27 Min

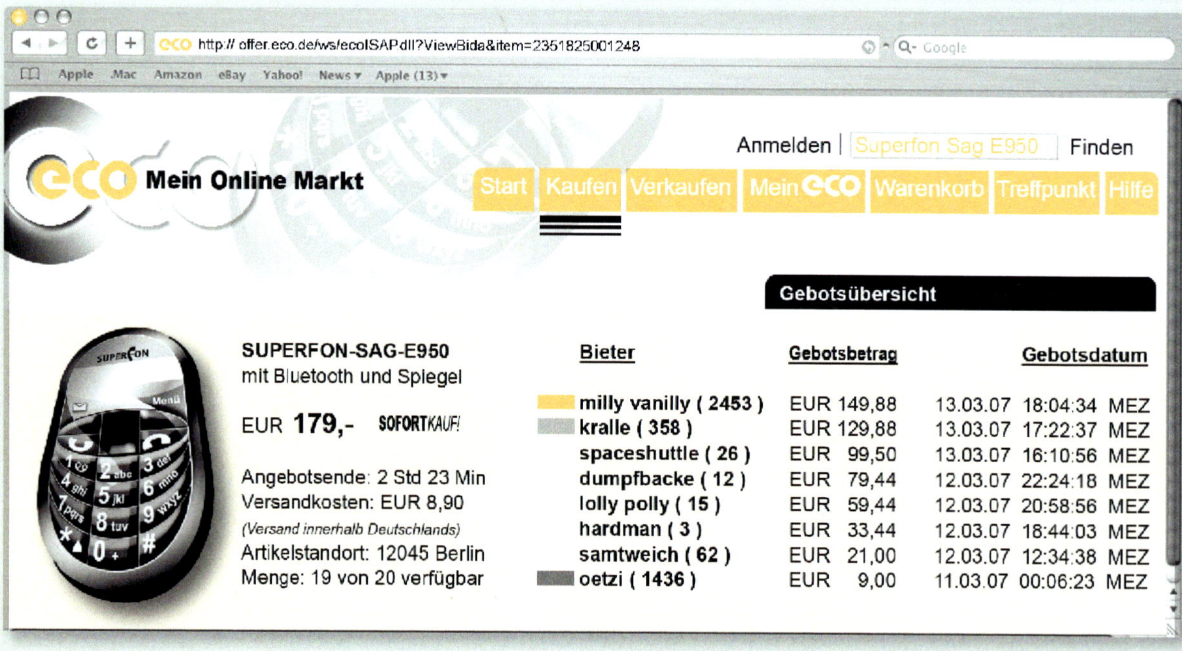
http:// offer.eco.de/ws/ecoISAPdll?ViewBida&item=2351825001248
Apple .Mac Amazon eBay Yahoo! News Apple (13)
Anmelden | Superfon Sag E950 Finden
eco Mein Online Markt
Start Kaufen Verkaufen Mein eco Warenkorb Treffpunkt Hilfe
Gebotsübersicht
SUPERFON-SAG-E950
mit Bluetooth und Spiegel
EUR 179,- SOFORTKAUF!
Angebotsende: 2 Std 23 Min
Versandkosten: EUR 8,90
(Versand innerhalb Deutschlands)
Artikelstandort: 12045 Berlin
Menge: 19 von 20 verfügbar
Bieter Gebotsbetrag Gebotsdatum
milly vanilly (2453) EUR 149,88 13.03.07 18:04:34 MEZ
kralle (358) EUR 129,88 13.03.07 17:22:37 MEZ
spaceshuttle (26) EUR 99,50 13.03.07 16:10:56 MEZ
dumpfbacke (12) EUR 79,44 12.03.07 22:24:18 MEZ
lolly polly (15) EUR 59,44 12.03.07 20:58:56 MEZ
hardman (3) EUR 33,44 12.03.07 18:44:03 MEZ
samtweich (62) EUR 21,00 12.03.07 12:34:38 MEZ
oetzi (1436) EUR 9,00 11.03.07 00:06:23 MEZ

Arbeitsblatt 2.1 Markt und Marktpreis

Aufgaben und Funktionen des Marktes

Aufgaben und Funktionen des Marktpreises

Arbeitsblatt 2.2 Preisbildung

Preisbildung

... im Modell

Ein Modell ist ein Abbild der Wirklichkeit, das sich auf wesentliche Faktoren des Originals beschränkt.

Vollkomende Güter

- homogene Güter
  Banknoten Aktien
- Keine Persönlichen Präferenz
  unabhängig von einer Person
- keine zeitliche Präferenz
  unabhängig von Zeit
- keine räumliche Präferenz
  unabhängig von Zeit
-

... in der Realität

Unvollkommener Markt

- ~~herfarogen~~ heteregen
  unterschiedliche Güter
  Bohrmaschine
- persönliche Präferenzen
  abhängig von einer
  Person
- Räumliche Präferenz
  Abhängig vom Standort
- Zeitliche Präferenz
  Abhängig vom Preis
-

Aufgabe 1

Einem Warenmakler liegen folgende Kauf- und Verkaufsaufträge vor:

Kaufaufträge (Menge mit jeweils akzeptierter Preisobergrenze)	**Verkaufsaufträge** (Menge mit jeweils akzeptierter Preisuntergrenze)
25 t zu 120 €/t	25 t zu 180 €/t
15 t zu 150 €/t	22 t zu 160 €/t
10 t zu 160 €/t	15 t zu 140 €/t
6 t zu 180 €/t	10 t zu 120 €/t

a) Zeichnen Sie in einem Preis-Mengen-Diagramm die Angebots- und Nachfragekurve ein.

b) Wie hoch ist der von dem Makler festgestellte Preis?

c) Warum wird dieser Preis „Gleichgewichtspreis" genannt?

d) Wie hoch wäre der Angebotsüberhang bei einem Preis von 160,00 €/t?

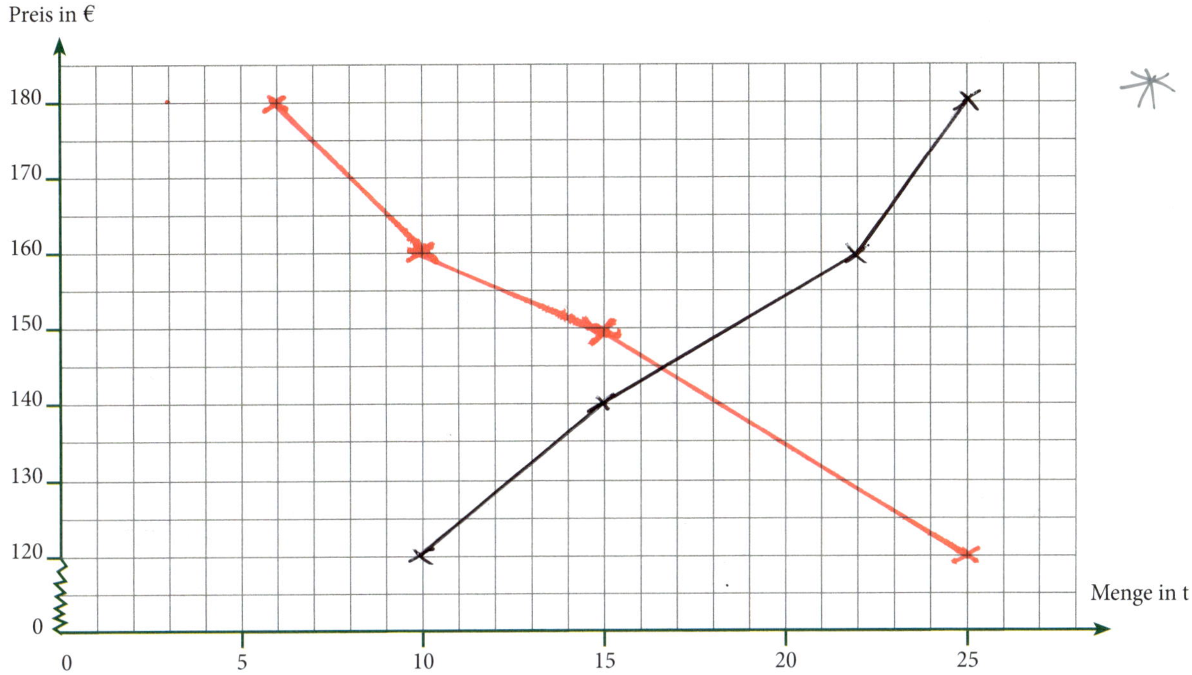

Aufgabe 2

In Rotterdam findet eine Rohölauktion statt, in der die unterschiedlichen Preisvorstellungen der Käufer und Verkäufer aufeinandertreffen.

Zeichnen Sie die Angebots- und Nachfragekurve in das Koordinatensystem ein und ermitteln Sie Gleichgewichtspreis und -menge.

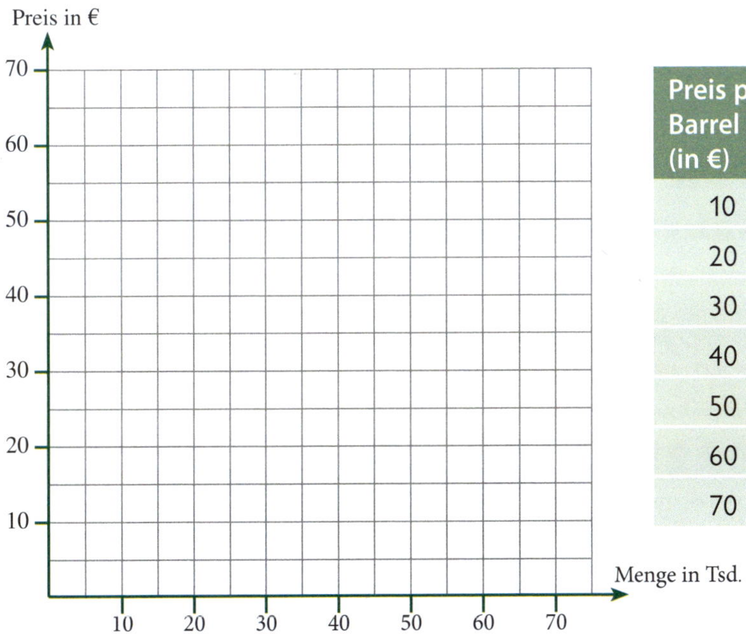

Preis pro Barrel * (in €)	angebotene Menge Rohöl (in Tsd. Barrel)	nachgefragte Menge Rohöl (in Tsd. Barrel)
10	10	70
20	20	60
30	30	50
40	40	40
50	50	30
60	60	20
70	70	10

* 1 Barrel ≈ 159 Liter

Kapitel 2.2

Lernsituation 3
Leistungen und Funktionen des Einzelhandels

Situation

Marko und Andrea, beide Auszubildende bei der Beska GmbH, haben die Herbstferien genutzt und drei Tage Urlaub genommen, um an der Outlet-Tour teilzunehmen. Auf der Rückfahrt nach Berlin ziehen sie Bilanz:

Marko: Ich bin hellauf begeistert – so viel habe ich noch nie gespart beim Einkauf, leider bin ich jetzt wirklich pleite. Ist aber in Ordnung, weil es sich ja lohnt, viel zu kaufen, dann hat man gleich einen Vorrat von allem.

Andrea: Einerseits verstehe ich dich, aber wozu brauchst du diesen Vorrat an Schokoladenosterhasen? Ostern ist doch erst in einem halben Jahr? Günstig waren die Hasen natürlich.

Marko: Na gut – Du willst aber nicht bestreiten, dass die neun Kartons mit DVD-Rohlingen sich gelohnt haben, oder? Damit kommt meine ganze Familie und alle Freunde mindestens fünf bis sechs Jahre aus!

Andrea: Und wo stellst du die ganzen Kartons hin, bis du die Rohlinge brauchst?

Marko: Ich finde schon ein Plätzchen im Keller dafür, lass das mal meine Sorge sein. Sag mal, Andrea, sollte nicht deine neue Handtasche eigentlich zu deiner Jacke passen? Bist du sicher, dass das die richtige Farbe ist?

Andrea: Hör bloß auf, ich fange gerade an, mich zu ärgern! Umtauschen kann ich sie ja jetzt nicht mehr – die Auswahl war ja auch eher begrenzt, ist aber eigentlich auch klar, wenn es nur einen Hersteller gibt.

Marko: Ich glaube, das Besteckset, das ich meiner Schwester zur Hochzeit schenken möchte, beinhaltet gar keine Fischmesser. Meinst du, das ist schlimm?

Andrea: Weiß ich auch nicht – vielleicht hättest du dich beraten lassen sollen?

Marko: Kleiner Scherz – Beratung im Fabrikverkauf!

Aufträge

1. Diskutieren Sie mit Ihrem Sitznachbarn die Vor- und Nachteile des Fabrikverkaufs gegenüber dem Einkauf im Einzelhandel.

Pro	Contra
- günstig	- keine nachfrage
- Einzelstücke	- keine große Auswahl
	- Umtausch nicht möglich

2. Welche Leistungen bietet der Einzelhandel, die ein Fabrikverkauf nicht bieten kann?

Arbeitsblatt 3.1 Funktionen des Einzelhandels

Einzelhändler sorgen dafür, dass die Kunden ...

Der Einzelhändler verkauft die Waren unmittelbar an den Endverbraucher Unabhängigkeit davon, ob die Waren in der Region im Inland oder im Ausland hergestellt werden dadurch bleiben den den Endverbrauchern Zeit Mühe und Kosten erspart	Der Händler übernimmt die Aufgabe Waren nach einer bestimmten Gattung z.b Lebensmittel Schreib. Waren oder Werkzeuge zu Sortimenten zusammen zu lassen und somit den Kunden die übersicht die Waren vielfallt zu verschaffen	Der Händler muss eine bestimmte Auswahl an Waren in ausreichendes Menge vorrätig haben um bei Jahreszeitlichen Schwankungen der Kunden nachfrage zu jeder Zeit verkaufs bereit zu sein	Der Handel übernimmt die Beratung funktion für den Kunden. z.b Kunden Beratung Reparatur service	Der Händler sorgt demnach für den Mengen ausgleich zwischen
Funktion:				
Nachversorgung Überbrückungsfunktion	Kundengerechtes=Waren angebot=Sortiments funktion	Vorrats-haltung=über brückungs funktion zeitlich	Kunden service Service funktion	bedarfgerechte Mengenabgabe Verteilungs funktion

... so dass die vielen Kunden bequem, preiswert und zielgerichtet einkaufen können.

Aufgabe 1

Welche Leistungen des Einzelhandels werden mit folgenden Werbeaussagen der Beska GmbH angesprochen?

Werbeaussagen	Leistungen des Einzelhandels
Unser kompetentes Team freut sich auf Sie.	Beraten fällt unter den bereich service funktion
Wir stellen Gourmet-Präsentkörbe nach Ihren Wünschen zusammen.	Sortimentsbildung, Kunden service
Sie finden die Beska im Internet unter www.cornelsen.de/ausbildung-im-einzelhandel.	
Auf Wunsch können Sie bei uns jede Schraube einzeln kaufen.	Mengenausgleich Funktion
Beska, Ihr Warenhaus im Herzen von Berlin.	
Tiefkühl-Saisongemüse bekommen Sie bei uns das ganze Jahr.	Da man gemüse auch im Winter kriegt ist es ein überbrückungs funktion

Aufgabe 2

Drei Funktionen des Einzelhandels gegenüber der Direktvermarktung durch die Hersteller:

Ein Hersteller von modischen Textilien liefert 200.000 Sweatshirts an wenige Großhandelsbetriebe in ganz Europa. ←

1. ______________________________

2. ______________________________

3. ______________________________

↓

Die Großhändler liefern die Waren an viele Einzelhändler. → Die Einzelhändler haben Kontakt zu den 200.000 Kunden, die die Sweatshirts kaufen. ↑

Kapitel 2.3

Lernsituation 4 Unternehmensorganisation

Situation

Das Sportgeschäft „Sport-Freunde e. Kfm.“ ist ein alteingesessenes Fachgeschäft mit einer hervorragenden Lage, direkt am Berliner Ku'damm. Seit Jahren ist die Beska GmbH daran interessiert, dieses Sportgeschäft zu übernehmen, um daraus eine eigene Sportfiliale zu gestalten. Nun endlich ist Herr Otto Beyerlein, Inhaber der „Sport-Freunde“, an dem Angebot interessiert, denn zum einen möchte er in den Ruhestand gehen und zum anderen hat sich die Mitbewerbersituation im Sportfachhandel komplett verändert. Immer mehr große Sporthandelsketten haben sich am Ku'damm angesiedelt.

Herr Beyerlein stellt für die Übernahme folgende Bedingungen:

- Der Handelsname „Sport-Freunde“ bleibt erhalten bzw. ist Bestandteil des neuen Handelsnamens.
- Thomas Beyerlein, Sohn von Otto Beyerlein, wird Filialleiter des Sportfachgeschäftes.
- Alle bisherigen Mitarbeiter des Sportfachgeschäftes „Sport-Freunde“ sollen übernommen werden.

Die Beska GmbH akzeptiert die Bedingungen von Herrn Beyerlein. Allerdings möchte sie das Sportfachgeschäft in der bisherigen Organisation nicht fortführen, denn der Organisationsaufbau weist einige Schwächen und Besonderheiten auf, die es nicht ermöglichen, die besonderen Stärken der Mitarbeiter zu nutzen.
Für die innerbetriebliche Umstrukturierung zieht die Beska GmbH den Unternehmensberater Herrn Horvath von der Unternehmensberatung Horvath & Partner zu Rate.

Horvath & Partner
Unternehmensberatung

Gesprächsprotokoll

Gesprächspartner:
Herr Otto Beyerlein, Herr Horvath, Klaus List als Geschäftsführer der Beska GmbH

Gesprächsinhalt:
Die Übernahme des Sportfachgeschäftes soll genutzt werden für eine Neustrukturierung der innerbetrieblichen Organisation.

Unternehmensbeschreibung:
Das Geschäft hat drei Etagen. Im Erdgeschoss befindet sich die Abteilung Schuhe, in der 2. Etage die Abteilung Sportgeräte und in der 3. Etage die Sportbekleidung. Die Kasse befindet sich in der 2. Etage. Das Geschäft bietet Ware ausschließlich zu folgenden Sportarten an: Laufen, Tennis, Skifahren, Schwimmen, Fußball.

Zur bisherigen Organisation:

Geschäftsleitung:
Herr Otto Beyerlein war alleiniger Geschäftsführer der „Sport-Freunde e. Kfm." Er vertrat die Firma nach außen, alle Einkäufe mussten von ihm gegengezeichnet werden, wobei sein Verhandlungsgeschick hervorzuheben ist. Allerdings schränkte dies auch das Verantwortungsgefühl der Abteilungsleiter ein. Er kümmerte sich „väterlich" um seine Mitarbeiter.

Berater der Geschäftsleitung:
Thomas Beyerlein ist der einzige Sohn von Herrn Beyerlein. Er hat eine Ausbildung zum Einzelhandelskaufmann im Geschäft seines Vaters mehr schlecht als recht absolviert. In letzter Zeit war er selten im Geschäft, denn er befand sich häufig auf Reisen, um seiner Leidenschaft „Freeclimbing" (Klettern) zu frönen.
In der Kletterszene hat er sich mittlerweile einen Namen gemacht und auch das Wildwasser-Kanufahren ist eine große Leidenschaft von ihm. Er kennt alle Firmeninterna, er berät seinen Vater, aber er hatte bisher keine Weisungsbefugnis. Im Geschäft kommt er mit den Mitarbeitern gut aus, viele kennen ihn schon von Kindesbeinen an. Nur mit Frau Rottenmeier hat er persönliche Probleme, sie hält ihn für einen „verzogenen Bengel".

Verwaltung/Kasse:
Frau Rottenmeier kümmert sich vormittags um die Verwaltung. Dazu gehören schwerpunktmäßig die Personalsachbearbeitung, die Kassenabrechnung und die Betreuung des veralteten Warenwirtschaftssystems. Zusätzlich sitzt sie am Nachmittag an der Kasse. An der Kasse hat sie wie die Abteilungsleiter Weisungsbefugnis bzgl. der Rabatte. Daher gibt sie Bekannten einen „Hausrabatt", anderen Kunden wiederum, die einen Rabatt herausgehandelt haben, streicht sie den Rabatt. Dieses Verhalten ergab schon unschöne Situationen an der Kasse. Vormittags macht Frau Jahnke als Halbtagskraft die Kasse, mittlerweile sind ihre Kinder größer und sie würde gern Vollzeit arbeiten.

Abteilung Hartware (Sportgeräte):
Frau Müller ist die Abteilungsleiterin für die Sportgeräte. Seit Jahren liegt sie ihrem Chef in den Ohren, die Sportarten zu erweitern. Insbesondere würde sie gerne Snowboards mit ins Sortiment nehmen und Tennisartikel aus dem Sortiment streichen, da sie selbst mit Tennis nichts anfangen kann. Aber Herr Beyerlein sagte bisher nein! Frau Gerbode ist Auszubildende im 3. Jahr und unterstützt Frau Müller. Insbesondere im Tennis kennt sie sich aus. Allerdings fährt sie selbst kein Ski oder Snowboard.

Abteilung Bekleidung:
Herr Seidel leitet die Abteilung und berät zusammen mit seinem Verkäufer Herrn Sarelas die Kunden in Bekleidungsfragen in den Haussportarten. Herr Seidel ist ein sehr geschickter Einkäufer, sein Verhandlungsgeschick ist berühmt-berüchtigt. Herr Sarelas ist leidenschaftlicher Taucher, aber Herr Beyerlein hielt bisher nichts von der Idee, Tauchen mit in das Sortiment zu nehmen.

Abteilung Schuhe:
Herr Schuster leitet die Abteilung Schuhe. Für die Sportarten des Hauses werden hier alle Sportschuhe angeboten. Herr Schuster ist leidenschaftlicher Marathonläufer. Frau Nolte unterstützt Herrn Schuster im Verkauf. Sie selbst ist begeisterte Wanderin und Outdoor-Expertin. Sie war sogar schon auf dem Mount Everest. Herr Schuster und Herr Seidel waren bisher gute Freunde. Doch nach dem letzten gemeinsamen Tennisturnier sprechen sie kein Wort mehr miteinander. Das hat auch Konsequenzen für ihre Arbeit: Zum einen stimmen sie ihr Sortiment nicht mehr aufeinander ab, führen unterschiedliche Marken und Farben. Zum anderen reden sie schlecht übereinander vor den Kunden und zweifeln dabei die Fachkompetenz des anderen an, wenn Kunden zur Beratung die Abteilung wechseln.

Aufträge

1. Erarbeiten Sie mit Hilfe der gegebenen Informationen und Merkmale die derzeitige Organisationsstruktur des Sportgeschäftes „Sport-Freunde" und stellen Sie diese in einem Organigramm dar.
2. Welches Leitungssystem liegt dem Unternehmen „Sport-Freunde" derzeit zu Grunde? Erarbeiten Sie mit Hilfe der vorbereiteten Tabelle (Seite 27) die Merkmale dieses Leitungssystem sowie die daraus entstehenden Vor- und Nachteile für das Sportgeschäft.
3. Überlegen Sie vor dem Hintergrund der anstehenden Veränderungen, welches Leitungssystem und welche Organisationsform Sie für das Sportfachgeschäft empfehlen würden.
   a) Erarbeiten Sie hierfür vorab eine Übersicht über die Stärken und Schwächen der Mitarbeiter (siehe vorbereitete Tabelle auf Seite 26).
   b) Entwickeln Sie eine neue Organisationsstruktur für die neue Sportfiliale der Beska GmbH und empfehlen Sie ein Leitungssystem. Stellen Sie Ihre Überlegungen in Form eines Organigramms dar.
   c) Stellen Sie für das ausgewählte Leitungssystem die Merkmale und die Vor- und Nachteile in der Tabelle (Seite 27) zusammen.
4. Stellen Sie Ihre Entscheidungen der Klasse vor.

Arbeitsblatt 4.1

Stärken- und Schwächen-Analyse der Mitarbeiter

Mitarbeiter	Stärken	Schwächen
Thomas Beyerlein	- Kennt alle Firmeninterna - erfahrener Sportler - Guter draht zu den Mitarbeitern	Schlechter Ausbildungsabschluss geringer
Otto Beyerlein	- Verhandlungsgeschick - Väterlicher Geschäftsführer	
Frau Rottenmeier		
Frau Jahnke		
Herr Seidel	geschickter Einkäufer berühmtes Verhandlungsgeschick	Kann Privat und Arbeitsleben nicht unterscheiden
Herr Sarelas	Erfahrung in der Bekleidungsabteilung Erfahrung beim Tauchen	
Herr Schuster	- Erfahrung in der Schuhabteilung - Marathonläufer	Kann nicht Privat und Arbeitsebene auseinander halten redet schlecht über herr seidel
Frau Nolte	- Erfahrung in der Schuhabteilung - outdoor expertin	~~Keine offen~~ - Keine offensichtlichen
Frau Müller	Erfahrung in der Abteilung Sportgeräte	Könnte sich als Abteilungsleiterin mit dem Vorschlag eine Sortimentsveränderung vorzunehmen nicht durchsetzen
Frau Gerbode	Kennt sich mit Tennis	Keine offensichtlichen

Arbeitsblatt 4.2 Leitungssysteme im Vergleich

derzeitiges Leitungssystem	Vorteile für „Sport-Freunde“	Nachteile für „Sport-Freunde“

empfohlenes Leitungssystem	Vorteile für „Sport-Freunde“	Nachteile für „Sport-Freunde“

Arbeitsblatt 4.3 Leitungssysteme

Einliniensystem	Mehrlinien system	Stabliniensystem
• Jeder Mitarbeiter	Je nach Funktion oder Aufgabe kann der Mitarbeiter verschiedene Vorgesetzte haben. Der Mitarbeiter erhält Weisungen von demjenigen Vorgesetzten, der über das entsprechende Fachwissen verfügt.	

Skizze	Skizze	Skizze

Arbeitsblatt 4.4 Führungsstile

Führungsstile	Merkmale	Vorteile	Nachteile	Voraussetzungen/Anforderungen an den Vorgesetzten
autoritärer Führungsstil	• Keine Beteiligung der Mitarbeiter an betrieblichen Entscheidungen • Erwartungen des uneingeschränkten Gehorsams durch die Mitarbeiter • Keine oder wenig Übertragung von Verantwortungsbereichen an die Mitarbeiter	• Klare Strategie und eindeutige Anweisungen	• große Distanz zu den Mitarbeitern die sich oft bevormundet und überwacht fühlen.	
kooperativer Führungsstil	• Beteiligung der Mitarbeiter an betrieblichen Entscheidung unter Berücksichtigung ihrer Qualifikation und Erfahrung. • Übertragung eigener Aufgabenbereich Übertragung der Verantwortung für diese Aufgaben Bereiche	• die Motivation der Mitarbeiter • die Entlastung der Vorgesetzten • die Entwicklung von Verantwortungsgefühl auf allen Unternehmensebenen	• Selbstständigkeit und Verantwortung überfordert oder überlastet vorkommen.	

Aufgabe 1
Unterscheiden Sie Einliniensystem und Mehrliniensystem. Welche Vor- bzw. Nachteile sprechen für oder gegen das jeweilige System?

Aufgabe 2
Erläutern Sie den Begriff Stablinienorganisation. Welche Abteilungen sind als Stäbe besonders geeignet? Begründen Sie Ihre Antwort.

Aufgabe 3
Fragen Sie in Ihrem Ausbildungsunternehmen nach einem Organigramm. Stellen Sie anhand dessen fest,

a) nach welchem Weisungssystem Ihr Ausbildungsbetrieb organisiert ist,
b) in welchen Abteilungen Sie voraussichtlich ausgebildet werden und wer jeweils (dann) Ihr Vorgesetzter ist.

Aufgabe 4
Die Bergisch Gladbacher Feinpapier AG ist seit vielen Jahren ein offenbar gut organisierter, zuverlässiger Lieferant der Beska GmbH. Es sind dort zwei Geschäftsführer, eine Sekretärin, fünf Abteilungsleiter, 13 Sachbearbeiter, zwei Reisende und sechs Arbeiter beschäftigt. Gehandelt werden vier verschiedene Warengruppen (WG):

- WG 1: Kopierpapiere
- WG 2: Feinpapiere
- WG 3: Druckpapiere
- WG 4: Folien

Den Geschäftsführern Michael Stellter und Bernd Krause, die zusammen die Geschäftsleitung der AG bilden, wird das Geschäftsführersekretariat mit Frau Müller zugeordnet. Die Abteilung Einkauf, die von Frau Seiters geleitet wird, beschäftigt zwei Sachbearbeiter: Herrn Willer, der den Einkauf von Kopierpapieren und Feinpapieren abwickelt, und Frau Gommlich, die Druckpapiere und Folien beschafft.

Die Abteilung Verkauf, geleitet von Herrn Schlichtig, ist nach Regionen organisiert. Vier Sachbearbeiter sind jeweils für alle Kunden ihres Verkaufsbezirkes zuständig:

- Region Nord: Frau Kränzel
- Region West: Herr Lichert
- Region Ost: Frau Assman
- Region Süd: Herr Krabbe

Ebenfalls dem Verkaufsleiter, Herrn Schlichtig, direkt unterstellt sind die Reisenden Herr Schreier (Bezirke Nord und West) sowie Herr Diemel (Bezirke Ost und Süd).
In der Abteilung Lager, die von Herrn Jacobs geleistet wird, werden drei Lagerarbeiter (die Herren Esser, Weidner und Schumacher) und drei Kraftfahrer (die Herren Meisner, Wolters und Abel) beschäftigt.
Im Rechnungswesen, Leiter Herr Krommes, sind die Aufgabengebiete wie folgt verteilt: Finanzbuchhaltung und Jahresabschluss (Frau Mahler), Debitoren- und Kreditorenbuchhaltung einschließlich Mahnwesen (Frau Allers), Kosten- und Leistungsrechnung (Herr Reiners).
In der Abteilung Allgemeine Verwaltung / Personal, geleitet von Frau Miro, befindet sich die Poststelle, die von Frau Flechters besetzt ist. Herr Probst ist für die Datenverarbeitung in allen Unternehmensbereichen zuständig. Frau Klose erstellt die Lohn- und Gehaltsabrechnungen für alle Mitarbeiter und Herr Richmann erledigt die allgemeine Personalverwaltung.

Erstellen Sie für die Feinpapier AG ein Organigramm. Welches Leitungssystem erkennen Sie?

Aufgabe 5
Nennen Sie jeweils drei Vor- und Nachteile eines Stabliniensystems.

Lernsituation 5 Sortiment

Hausmitteilung Datum: ____________

Beska
BERLINER SUPERKAUF GMBH

Absender	Empfänger	Weiterverwendung
☒ Geschäftsleitung	☐ Geschäftsleitung	☐ zur Kenntnisnahme
☐ Verwaltung/Verkauf	☒ Verwaltung/Verkauf	☒ zur Erledigung
☐ Warengruppe ____	☒ Warengruppe 01–09	☐ zur Stellungnahme
☐ Frau/Herr ____	☐ Frau/Herr ____	

Liebe Mitarbeiter,
für unseren geplanten Filialbetrieb „Ladi – der neue Discounter“ suchen wir noch ein fachlich fundiertes Sortimentskonzept. Wie gewohnt beziehen wir auch hier unsere Mitarbeiter in die Entscheidung mit ein. Insbesondere interessieren uns Ihre Vorschläge und Ideen zum Sortimentsumfang und Sortimentsgerüst des geplanten Filialbetriebs. Unser Slogan für LADI steht bereits fest: „Bei uns sind nicht nur die Preise tief, sondern auch das Sortiment.“
K. List

• LADI •

der neue Discounter
Bei uns sind nicht nur die Preise tief, sondern auch das Sortiment!

Erstellen Sie in Partnerarbeit das Sortimentskonzept für „LADI – den neuen Discounter“. Die Branche, in der LADI angesiedelt werden soll, können Sie dabei selbst bestimmen.

Arbeitsblatt 5.1 Sortimentsumfang und -gerüst

Sortiments-umfang	Erklärung	Beispiel
Sortiments-breite		
Sortiments-tiefe		

Sortiments-gerüst	Erklärung	Beispiel
Kern-sortiment		
Rand-sortiment		
Saison-sortiment		
Probe-sortiment		
Auslauf-sortiment		

Arbeitsblatt 5.2 Artikelarten und Sortimentspyramide

Artikelarten	Erklärung	Beispiel
Markenartikel		
Handelsmarkenartikel		
Ergänzungsartikel		
Impulsartikel		
Ersatzartikel		
Suchartikel		
Magnetartikel		
Forcierartikel		
Pennerartikel		
Aktionsartikel		

Sortimentspyramide (Begriffe und Beispiel!)

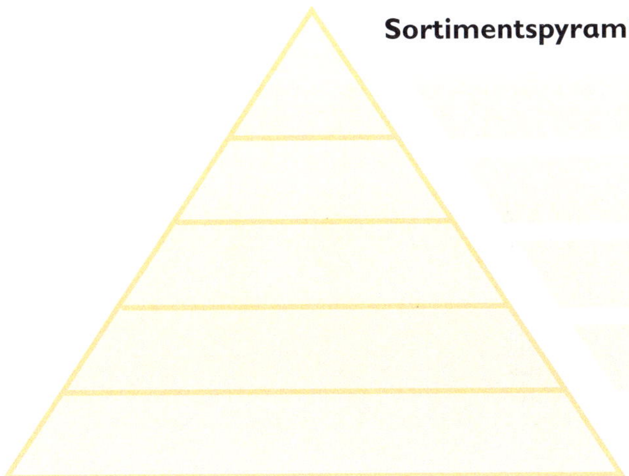

Aufgabe 1
Ordnen Sie folgende Beispiele den entsprechenden Sortimentsbegriffen zu.

a) Joghurt – Lebensmittel – Dextra-Power-Fruit 250-g-Becher – Molkereiprodukte – Cranberry

b) Farbe: anthrazit, Größe: 52 – Herrenoberbekleidung – Businessbekleidung – Textil/Bekleidung – SSOB-Anzug

Sortimentspyramide	a)	b)
1. Branche/Fachbereich		
2. Warengruppe		
3. Warenart		
4. Artikel		
5. Sorte		

Aufgabe 2
Erklären Sie kurz und präzise die folgenden Fachbegriffe:

a) breites und tiefes Sortiment
b) schmales und flaches Sortiment
c) breites und flaches Sortiment
d) schmales und tiefes Sortiment

Aufgabe 3
Verschiedene Betriebsformen besitzen ein äußerst breites Sortiment. Welche der folgenden Aussagen trifft darauf zu?

a) Innerhalb einer einzigen Warengruppe wird eine große Anzahl von verschiedenen Artikeln angeboten.
b) Die geführten Artikel werden in großer Anzahl angeboten.
c) Innerhalb der einzelnen Artikelgruppen ist die Auswahl sehr gering.
d) Kernartikel werden in großen Mengen angeboten.
e) Es werden sehr viele unterschiedliche Warengruppen geführt.

Aufgabe 4
Das Einzelhandelsgeschäft Truba e. K. führt eine große Anzahl von verschiedenen Warengruppen. Diese bieten jedoch keine reichhaltige Auswahl. Wie wird das Sortiment der Truba e. K. genannt?

a) tief und flach
b) breit und flach
c) tief und schmal
d) tief und breit
e) flach und schmal

Aufgabe 5
Der Kunde Sebastian Klein trifft sich nach einem erfolgreichen Einkaufstag noch auf ein Bier mit seinem Kumpel Fried Helber. Sebastian Klein war in einem Geschäft einkaufen, das ein besonders breites Sortiment führt. In welchem Geschäft war das?

a) Verbrauchermarkt
b) Spezialgeschäft
c) Kaufhaus
d) Discounter
e) Filialbetrieb

Aufgabe 6
Ordnen Sie folgende Aussagen den Sortimentsarten zu.

a) In einem großen Warenhaus werden Textilien in verschiedenen Formen, Farben, Größen usw. angeboten.
b) In einem Fachgeschäft ist die Auswahl innerhalb einer Warengruppe hinsichtlich Formen, Farben, Größen usw. sehr groß.
c) In einem Einzelhandelsgeschäft werden aus mehreren Warengruppen Waren geführt.
d) Ein Fachgeschäft hat sich auf Drogerieartikel spezialisiert.

Sortimentsarten:
① breites Sortiment
② tiefes Sortiment
③ flaches Sortiment
④ schmales Sortiment

Aufgabe 7
Sie lernen im Einzelhandelsunternehmen viele Artikel und Sorten kennen. Damit Sie Ihren Aufgaben der Warenpflege gerecht werden und sachgerechte Verkaufsgespräche führen können, ist es nötig, dass Sie sich Warenkenntnisse in Ihrem Ausbildungsbetrieb aneignen. Erstellen Sie sich dafür eine gesonderte Warenkunde mit allen weiteren Wareninformationen und benutzen Sie dazu das Schema der Warenbeschreibung.

Erstellen Sie nun Ihre ersten fünf Warenbeschreibungen.

Warenbeschreibung	
Bezeichnung der Ware:	
gehört zur Warengruppe:	
Hersteller:	Herstellungsland:
Qualitätsstufen, Formen, Größen:	
ökologische Bewertung:	
Verpackungsangaben:	
Verkaufsargumente:	
Ergänzungsartikel:	
Alternativartikel, falls dieser Artikel mal ausverkauft ist:	
Warenpflege:	

Kapitel 4 und 5

Lernsituation 6 Verkaufs- und Betriebsformen

Situation

Hausmitteilung

Datum: ______________

Beska
BERLINER SUPERKAUF GMBH

Absender	Empfänger	Weiterverwendung
[X] Geschäftsleitung	[ ] Geschäftsleitung	[ ] zur Kenntnisnahme
[ ] Verwaltung/Verkauf	[X] Verwaltung/Verkauf	[X] zur Erledigung
[ ] Warengruppe ______	[ ] Warengruppe ______	[ ] zur Stellungnahme
[ ] Frau/Herr ______	[ ] Frau/Herr ______	

Liebe Mitarbeiter,
wie wir Ihnen schon vor einigen Wochen in einer Betriebsversammlung angekündigt haben, werden wir als erstes SB-Warenhaus in der Region als Ergänzungsangebot zwei Selbstbedienungskassen einführen. Wir haben uns zu diesem Schritt entschlossen, um unsere Kassierer zu entlasten und unseren Kunden einen besonderen Service zu bieten. Neben diesen beiden Selbstbedienungskassen werden unseren Kunden die traditionellen Kassen weiterhin zur Verfügung stehen. An den Selbstbedienungskassen ziehen die Kunden die Artikel selber über den Scanner. An der so genannten „Einpackstation" des Kassenterminals verpackt der Kunde die Waren in Tüten, wobei die Station automatisch das Gewicht der eingescannten und abgelegten Waren vergleicht, um Betrügereien zu vermeiden. Stimmt das Gewicht nicht überein, wird ein Alarm ausgelöst. Die Bezahlung der Waren erfolgt durch EC-Karten-Zahlung. In der Einführungsphase sollen eigens geschulte Mitarbeiter den Kunden zur Seite stehen, wenn der Kassiervorgang ins Stocken gerät. Wir machen ausdrücklich darauf aufmerksam, dass durch die Einführung der SB-Kassen keine Mitarbeiter freigesetzt werden.
K. List

Auftrag

Moderne Einzelhandelsbetriebe versuchen kontinuierlich, ihre Serviceleistungen zu verbessern. Prüfen Sie, für welche Betriebsformen des Ladeneinzelhandels Selbstbedienung beim Bezahlen sinnvoll oder zweckmäßig sein kann. Begründen Sie Ihre Entscheidung mit Hilfe der wesentlichen Merkmale der Betriebsformen.

Selbstbedienung auch beim Bezahlen

Selbstbedienung an der Ladenkasse: Als erstes deutsches Einzelhandelsunternehmen bietet die SB-Warenhauskette Real in diesen Tagen Kunden die Wahl zwischen einer Kasse mit und ohne Kassiererin. Bei dem vollautomatischen Kassensystem scannt der Kunde die Ware selbst ein und bezahlt dann bargeldlos. Das neue System sei bereits in einer Real-Filiale in Düsseldorf aufgebaut und werde testweise genutzt, sagte eine Sprecherin am Montag. Die offizielle Eröffnung soll aber erst in einigen Wochen erfolgen. Über die weiteren Ausbaupläne machte das Unternehmen zunächst keine Angaben. Die METRO-Tochter Real habe sich damit „als erstes deutsches Einzelhandelsunternehmen entschlossen, den Kunden dauerhaft die Wahl zwischen der traditionellen und der SB-Kasse zu eröffnen", hieß es in einer am Montag veröffentlichten Presseerklärung. Bisher hatte es die Selbstbedienungskasse nur im „Extra Future Store" des METRO-Konzerns in Tönisvorst gegeben, wo Deutschlands größter Handelskonzern Zukunftstechnologien testet. Insgesamt werden in der Real-Filiale vier der vom US-Unternehmen NCE entwickelten Selbstbedienungskassen für den dauerhaften Praxiseinsatz installiert. Die SB-Kassen werden kontrolliert durch einen Kundenassistenten, der die Vorgänge an den Kassen verfolgt und beispielsweise den Verkauf alkoholischer Getränke autorisieren muss. Um Betrügereien zu vermeiden, vergleicht eine in der Kasse eingebaute Waage das Gewicht der gekauften Produkte mit den eingescannten Waren.

Quelle: Autorentext

Arbeitsblatt 6.1 Betriebsformen unterscheiden, Teil 1

Betriebsform	Sortiment	Betriebsgröße	Preisniveau	Verkaufsform	Serviceleistung	Standort	Beispiel
Warenhaus	Schuhe, Nahrung, Spielwaren, Haushaltwaren	10.000m²	alle Preisklassen	Zahlreiche Branchen	Selbstbedienung oder hilfe	Ilsede	Edeka
Kaufhaus		4000m				BS	Galeria-Kaufhof
Verbrauchermarkt/SB-Warenhaus							
Supermarkt	Fleisch, Obst Gemüse	400 bis 1.500m	mittleren Preisniveau	verschiedene Betriebe	Selbstbedienung	Ilsede	Rewe
Fachmarkt							
Fachgeschäft						BS	Douglas

Arbeitsblatt 6.2 Betriebsformen unterscheiden, Teil 2

Betriebsform	Sortiment	Betriebs-größe	Preisniveau	Verkaufsform	Service-leistung	Standort	Beispiel
Discounter							
Partie-discounter							
Einkaufs-zentrum							
Shop-in-the-Shop							
Factory-Out-let Center							
Convenience-Shop							

Arbeitsblatt 6.3 Bestellhandel

Bestellhandel	Merkmale	Sortiment	Bestell-möglichkeiten	Beispiele
Versand-handel				
Sortiments-versender				
Spezial-versender				
Teleshopping				
E-Commerce				

Arbeitsblatt 6.4 Verkaufsformen

Verkaufsform	Merkmale	Betriebsformeneignung	Beispiele für Waren
Bedienung			
Vorwahl			
Selbstbedienung			
Automatenverkauf			

Aufgabe 1
Erkundungsauftrag:
In der nächstgelegenen Innenstadt möchten Sie Ihre theoretischen Kenntnisse zu Betriebsformen und Verkaufsformen des Einzelhandels anhand von drei unterschiedlichen Beispielen belegen.

a) Bilden Sie 4-er Teams!
b) Erstellen Sie einen eigenen Beobachtungsbogen mit Merkmalen, die Ihnen geeignet erscheinen, Betriebsformen zu unterscheiden und zu dokumentieren.
c) Vergeben Sie die folgenden Aufgaben in Ihrem Team:
- Schriftführer
- Fotograf
- „Kontaktaufnehmer“
- Maßnehmer/Skizzenersteller

Ihr „Kontaktaufnehmer“ sollte sehr freundlich fragen, ob es Ihnen erlaubt ist, Fotos vom Geschäft zu machen und sich außerdem ganz behutsam im Laden umzusehen. Erklären Sie dem Einzelhändler den Grund Ihrer Recherche!
d) Stellen Sie die Ergebnisse Ihres Teams mit einer kurzen, fachlichen Präsentation in der Klasse vor.

Aufgabe 2
„Das KaDeWe ist das letzte der großen Berliner Vorkriegswarenhäuser. Das KaDeWe hat zum neunzigjährigen Jubiläum noch einmal erweitert und ist heute mit über 60.000 Quadratmetern Verkaufsfläche das größte Kaufhaus Europas. Es hat sogar Harrod's in London hinter sich gelassen. Nur das GUM in Moskau ist größer, aber eben kein reines Warenhaus.“
Quelle: www.berlin.de

Gegenüber der Beska GmbH befindet sich einer der berühmtesten Einzelhandelsbetriebe Europas, das KaDeWe. Leider werden in Reiseführern die Begriffe Warenhaus und Kaufhaus von Nicht-Fachkundigen oft verwechselt. Unterscheiden Sie die Betriebsformen Kaufhaus/Warenhaus anhand der wichtigsten Merkmale.

Aufgabe 3
Zu welcher Betriebsform zählt Ihr Ausbildungsbetrieb? Begründen Sie Ihre Antwort mit Hilfe der Lernübersicht.

Aufgabe 4
Geben Sie vier Beispiele für „beratungsintensive“ Waren!

Aufgabe 5
Welche Verkaufsform(en) sind für Ihren Ausbildungsbetrieb typisch? Erklären Sie auch, warum andere Verkaufsformen für Ihren Betrieb nicht sinnvoll sind.

Aufgabe 6
Entscheiden Sie in folgenden Fällen, welche Verkaufsformen zweckmäßig sind. Begründen Sie Ihre Entscheidung!

a) Art der Ware:
- Kaschmirmäntel
- Kaugummi
- Jeans
- Duschgel

b) Art des Geschäftes:
- Verbrauchermarkt
- Fachgeschäft für Herrenoberbekleidung
- Bahnhofskiosk
- Warenhaus

Aufgabe 7
Notieren Sie je fünf Warenarten, die sich für die Verkaufsformen „Automatenverkauf“ oder „Teleshopping“ eignen!

Aufgabe 8
Nennen Sie für jede der Verkaufsformen zwei Vorteile für den Einzelhändler und zwei Vorteile für den Kunden!

Aufgabe 9
Der Einzelhändler Lakter stellt seine bisherige Verkaufsform Vollbedienung auf das Vorwahlsystem um. Die Mitarbeiter werden deshalb eigens zu einer Fortbildung angemeldet. Was könnte den Einzelhändler Lakter dazu veranlasst haben?

a) Die Mitarbeiter können besser, effektiver kassieren.
b) Die Verkäufer haben mehr Zeit zur Beratung der Kunden.
c) Der Einzelhändler möchte dadurch Personal einsparen.
d) Der Einzelhändler hat gehört, dass dadurch Ladendiebstähle vermindert werden können.
e) Der Einzelhändler kann mehr Ausbildungsplätze anbieten.

Kapitel 6

Lernsituation 7 Berufsausbildung

Situation

Hausmitteilung

Datum: ____________

Beska BERLINER SUPERKAUF GMBH

Absender	Empfänger	Weiterverwendung
[X] Geschäftsleitung	[ ] Geschäftsleitung	[ ] zur Kenntnisnahme
[ ] Verwaltung/Verkauf	[X] Verwaltung/Verkauf	[X] zur Erledigung
[ ] Warengruppe ____	[ ] Warengruppe ____	[ ] zur Stellungnahme
[ ] Frau/Herr ____	[ ] Frau/Herr ____	

Der Ausbildungsvertrag, den wir mit unserer Auszubildenden Petra Theisen geschlossen haben, wurde von der IHK wegen Verstößen gegen das Berufsbildungsgesetz und das Jugendarbeitsschutzgesetz nicht akzeptiert und an uns zurückgeschickt. Petra Theisen wird am 12.02. des kommenden Jahres 18 Jahre alt. Meines Wissens gelten die besagten Gesetze für Frau Theisen dann doch nicht mehr, oder?

K. List

Auftrag

Überprüfen Sie den Ausbildungsvertrag hinsichtlich der geltenden Bestimmungen des Berufsbildungsgesetzes (BBiG) und des Jugendarbeitsschutzgesetzes (JArbSchG)!

Verstoß/Fehler	Gesetz	Verbesserung

IHK Berlin (Ludwig Erhard Haus)

HARDENBERGSTRASSE 16-18 10623 BERLIN

Berufsausbildungsvertrag

(§§ 3,4 Berufsbildungsgesetz - BBiG)

UNGÜLTIG

Zwischen dem Ausbildenden (Ausbildungsbetrieb) **und der/dem Auszubildenden** **männlich** [ ] **weiblich** [x]

Tel.-Nr.: 030-936-0

Berliner Superkauf GmbH

Tauentzienstr. 60
Straße, Haus-Nr.

PLZ: 10789 Ort: Berlin

Name, Vorname: Petra Theisen

Straße, Haus-Nr.: Bahnhofsstr. 8a

PLZ: 13353 Ort: Berlin

Geburtsdatum: 12.02.19XV Geburtsort: Potsdam

Staatsangehörigkeit: deutsch Gesetzl. Vertreter[1]): Eltern [ ] – Vater [ ] Mutter [ ] Vormund [ ]

Namen, Vornamen der gesetzl. Vertreter: Margot und Hans Theisen

Straße, Haus-Nr.: Bahnhofsstr. 8a

PLZ: 13353 Ort: Berlin

wird nachstehender Vertrag zur Ausbildung im Ausbildungsberuf Kaufmann/Kauffrau im Einzelhandel

mit der Fachrichtung/dem Schwerpunkt, Lebensmittelbereich

nach Maßgabe der Ausbildungsordnung[2]) geschlossen

Änderungen des wesentlichen Vertragsinhaltes sind vom Ausbildenden unverzüglich zur Eintragung in das Verzeichnis der Berufsausbildungsverhältnisse bei der Industrie- und Handelskammer anzuzeigen.

Die beigefügten Angaben zur sachlichen und zeitlichen Gliederung des Ausbildungsablaufs (Ausbildungsplan) sind Bestandteil dieses Vertrages.

A Die Ausbildungszeit beträgt nach der Ausbildungsordnung 48 Monate.

Die vorausgegangene Berufsausbildung/Vorbildung: Fachoberschulreife

wird mit ______ Monaten ______ Tagen angerechnet, es wird hiermit eine entsprechende Verkürzung beantragt.

Das Berufsausbildungsverhältnis beginnt am 01.08.XV endet am 31.07.XZ

B Die Probezeit (§1 Nr.2) beträgt 6 Monate.[3])

C Die Ausbildung findet vorbehaltlich der Regelungen nach **D** (§3 Nr.12) in Berlin

und den mit dem Betriebssitz für die Ausbildung üblicherweise zusammenhängenden Bau-, Montage- und sonstigen Arbeitsstellen statt.

D Ausbildungsmaßnahmen außerhalb der Ausbildungsstätte (§3 Nr.12) (mit Zeitraumangabe) insgesamt 4 Wochen Seminar zur Warenkunde im Lebensmittelbereich

E Der Ausbildende zahlt dem Auszubildenden eine angemessene Vergütung (§ 5); diese beträgt zur Zeit monatlich brutto:

1. Ausbildungsjahr	2. Ausbildungsjahr	3. Ausbildungsjahr	4. Ausbildungsjahr
€ 515,00	€ 590,00	€ 650,00	€ 889,00

Soweit Vergütungen tariflich geregelt sind, gelten mindestens die tariflichen Sätze.

F Die regelm. tgl. Ausbildungszeit (§ 6 Nr.1) beträgt 8,5 Std.[4])

G Der Ausbildende gewährt dem Auszubildenden Urlaub nach den geltenden Bestimmungen. Es besteht ein Urlaubsanspruch auf

Im Jahr	20XV	20XW	20XX	20XY	20XZ
Werktage	10	24	24	24	14
Arbeitstage					

H Hinweis auf anzuwendende Tarifverträge und Betriebsvereinbarungen; sonstige Vereinbarungen Wenn Frau Theisen das Ausbildungsverhältnis vorzeitig kündigt, verpflichtet sie sich zur Zahlung eines Schadenersatzes in Höhe von 500,00 Euro

Mit dem Vorgenannten erklären wir uns einverstanden. Gleichzeitig erkennen wir die nachfolgenden Ergänzenden Vereinbarungen als Vertragsbestandteil an und erklären, dass wir das Merkblatt zum Berufsausbildungsvertrag zur Kenntnis genommen haben.

Lena Friedrich, den 15.05.XV

Der Ausbildende:

Petra Theisen 15.05.XV

Stempel und Unterschrift

Der Auszubildende:

Vor- und Familienname

Die gesetzl. Vertreter des Auszubildenden:

Vater und Mutter/Vormund

Arbeitsblatt 7.1 Berufsausbildung

Rechtliche Grundlagen der Berufsausbildung

Die **Ausbildungsordnung** enthält Informationen über

-
-
-
-
- Der Rahmenlehrplan legt die Inhalte für die Berufsschule fest und verteilt sie auf die Ausbildungsjahre.

Das **Jugendarbeitsschutzgesetz** gilt für alle Auszubildenden und Jugendlichen im Alter von

Schutzbereiche sind:

Beispiel:

Arbeitszeit
Beispiel:

Beispiel:

Beispiel:
16 Jahre: 27 Tage

Beispiel:

Durch den **Ausbildungsvertrag** nach dem

erhalten die Vertragsparteien Rechte und Pflichten.

Rechte des Auszubildenden:

Pflichten des Auszubildenden:

Aufgabe 1
Sie absolvieren zurzeit eine Berufsausbildung im dualen System.

a) Was bedeutet der Begriff duales System konkret für Ihre Ausbildung?
b) Welche Vorteile versprechen Sie sich davon, dass Sie im dualen System ausgebildet werden?

Aufgabe 2
a) Nennen Sie die inhaltlichen Punkte, die ein Ausbildungsvertrag enthalten sollte!
b) Nennen Sie die gesetzlichen Grundlagen eines Ausbildungsvertrages!
c) Erklären Sie die Regelung zur Kündigung innerhalb der Probezeit einer Ausbildung.

Aufgabe 3
Die Ausbildung von Jan Reimers dauert laut Ausbildungsvertrag vom 01.08.2009 bis zum 31.07.2012. Nachdem Jan bereits die schriftliche Abschlussprüfung erfolgreich gemeistert hat, besteht er auch am 15. Juni 2012 die praktische (mündliche) Abschlussprüfung. Wann endet für Jan die Ausbildung zum Einzelhandelskaufmann offiziell?

Aufgabe 4
Petra Z. macht eine Ausbildung zur Kauffrau im Einzelhandel. Zu Beginn ihrer Ausbildung hat sie sich mit ihren Rechten und Pflichten während der Ausbildungszeit auseinandergesetzt. Welche Pflicht aber hat ihr Ausbildender während ihrer Ausbildungszeit?

a) Lernpflicht
b) Schweigepflicht
c) Berufsschulpflicht
d) Ausbildungspflicht
e) Sorgfaltspflicht

Aufgabe 5
Im Warenhaus Kaufrausch AG wurden neue Auszubildende zum/zur Einzelhandelskaufmann/-frau eingestellt. Beurteilen Sie bei den folgenden Alltagssituationen, ob die beteiligten Personen im Rahmen des gültigen Rechts handeln! Begründen Sie Ihre Ansicht und versuchen Sie, wenn möglich, entsprechende Rechte und Pflichten aus dem Ausbildungsverhältnis zuzuordnen!

a) Petra, 15 Jahre, soll den Betrieb kennen lernen und wird dabei für 14 Tage in der Kundeninformation eingesetzt. Sie beschwert sich bei ihrem Ausbilder, dass diese Tätigkeit nichts mit ihrer Ausbildung zur Einzelhandelskauffrau zu tun habe.

b) Juliane, 16 Jahre, muss täglich helfen, die Verkaufsräume zu putzen, da die Kosten für das bisher eingesetzte Reinigungsunternehmen eingespart werden sollen.

c) Wolfgang wird im Lebensmittelbereich ausgebildet. Er beginnt seine Ausbildung in der Frischfleischabteilung. Am zweiten Tag wird Wolfgang vom Abteilungsleiter folgendermaßen aufgefordert: „Dahinten steht ein 50-Liter-Gefäß mit säurehaltigem Reinigungsmittel. Füll das bitte in kleine 5-Liter-Flaschen um."

d) Stefan, 18 Jahre, und Helmut, 16 Jahre, besuchen beide die gleiche Berufsschulklasse und haben am Montag 5 Stunden und am Donnerstag 7 Stunden Unterricht. Der Ausbilder verlangt von seinen Auszubildenden, dass sie nach der Berufsschule in das Unternehmen kommen.

e) Petra erzählt in der Berufsschule, wie hoch die durchschnittliche Gewinnspanne im Textilsortiment ist. Die Klassenkameraden stellen die Höhe in Zweifel. Zum nächsten Berufsschultag beweist Petra die Behauptung, indem sie eine Kopie einer Einkaufsrechnung mitbringt.

f) Stefan nimmt im April vier Tage an einer überbetrieblichen Ausbildungsmaßnahme teil. Der Ausbilder verlangt von ihm, dass er diese Zeit an vier Samstagen im Unternehmen nachholen soll, damit der betriebliche Teil der Ausbildung nicht zu kurz kommt.

g) Im zweiten Monat der Ausbildungszeit kündigt der Ausbildende dem Auszubildenden Wolfgang fristlos ohne Angabe von Gründen.

h) Irene ist mit ihrer Ausbildung zur Einzelhandelskauffrau auf Grund der Arbeitszeiten nicht besonders glücklich. Nach der Probezeit wird ihr eine Ausbildungsstelle im Großhandel angeboten. Kann sie die Ausbildung beim Einzelhändler abbrechen?

i) Durch eigene Faulheit ist Bernd beim ersten Mal durch die Abschlussprüfung gefallen. Kann er bis zur nächsten Wiederholungsprüfung das Ausbildungsverhältnis fortsetzen?

Aufgabe 6
Welche der unten aufgeführten Themen sind in der Ausbildungsordnung für die Ausbildung Kaufmann/Kauffrau im Einzelhandel nicht aufgeführt?

a) Bestimmungen über die Abschlussprüfung
b) Ausbildungsrahmenlehrplan
c) Ausbildungsberufsbild
d) Verpflichtung zur Führung eines Berichtsheftes
e) Beginn und Dauer der Berufsausbildung

Aufgabe 7
Grenzen Sie die Begriffe Ausbildungsordnung, Ausbildungsrahmenplan und Ausbildungsberufsbild voneinander ab, indem Sie erläutern, was die jeweilige Verordnung regelt!

Aufgabe 8
Andreas ist 17 Jahre alt und Auszubildender zum Einzelhandelskaufmann im Lebensmittelbereich im Supermarkt „kauf gut". Er lernt bereits seit neun Monaten und ist mit seiner Ausbildungssituation sehr unzufrieden. Seine Chefin Frau Körner ist gleichzeitig seine Ausbilderin. Andreas möchte seine Ausbildungssituation verbessern und bittet deshalb Frau Körner um ein klärendes Gespräch.

Führen Sie in einem Rollenspiel mit verteilten Rollen ein klärendes Gespräch zwischen Andreas und Frau Körner und vertreten Sie gemäß der Ihnen zugewiesenen Rolle die jeweiligen Interessen.

- Bereiten Sie vorab in rollenteiligen Gruppen (max. fünf Personen) das Gespräch vor, indem Sie Argumente, Gesetzeshinweise etc. notieren, mit denen Sie Ihren Gesprächspartner überzeugen wollen.
- Überlegen Sie sich auch vorab Argumente, die Ihr Gesprächspartner anführen könnte, und stellen Sie sich hierauf entsprechend mit Gegenargumenten ein.
- Wie wollen Sie reagieren, falls Ihr Gesprächspartner Ihre Argumente nicht akzeptiert?
- Welches Gruppenmitglied spielt im anschließenden Rollenspiel die vorbereitete Rolle? Einigen Sie sich in Ihrer Gruppe auf eine Person!

Rollenkarte Andreas

Seit Beginn seiner Ausbildung muss Andreas ausschließlich
- Ware auszeichnen,
- Regale bestücken und aufräumen,
- Botengänge erledigen (Post, Steuerberater, Bank, Pizza holen für die Kollegen) und
- sonstige Hilfsdienste erledigen, wie z. B. Zusammenschieben der Einkaufswagen auf dem Parkplatz.

Außerdem
- haben die Kollegen keine Zeit, ihm die Ware zu erklären,
- hat eine innerbetriebliche Schulung bis heute nicht stattgefunden,
- sind seine schulischen Leistungen schlecht, weil er oft an Stelle der Berufsschule arbeiten soll,
- muss er nach dem Unterricht an beiden Tagen arbeiten,
- macht er aber regelmäßig Überstunden, um für Kollegen einzuspringen.

Rollenkarte Frau Körner

Frau Körner
- ist Eigentümerin und Geschäftsführerin des Supermarktes „kauf gut",
- selbst hat auch eine Ausbildung zur Einzelhandelskauffrau gemacht,
- erklärt oft, dass „Lehrjahre keine Herrenjahre sind",
- arbeitet täglich zwölf Stunden,
- bildet insgesamt drei Auszubildende zum/zur Einzelhandelskaufmann/-frau aus
- kennt keine Klagen der Mitarbeiter.

Lernsituation 8 Arbeitsvertrag

Kapitel 7 und 8

Situation

Petra Theisen diskutiert bei einer Familienfeier die aus ihrer Sicht stark belastenden Arbeitsbedingungen wie zu wenig Urlaub und die viel zu hohe Wochenarbeitszeit. Ihr Großvater legt ihr daraufhin seinen ersten Arbeitsvertrag vor, den er seit Jahrzehnten sorgfältig aufbewahrt hatte ...

Auszug aus dem Arbeitsvertrag:

Herrn/~~Frau/Fräulein~~ Willy Theisen, Poststraße 37, Bonn
wird folgender Arbeitsvertrag geschlossen:

1.) Herr/~~Frau/Fräulein~~ Willy Theisen
geboren am: 29.3.1919 in: Bonn-Endenich
steht ab: 1.1.1954 als: Buchhalter
in einem Arbeitsverhältnis mit der VEREINIGUNG DER PAPIERDRUCKEREIEN E.V., Bonn/Rhein.

2.) Eine Kündigung ist nur zum Ende des Kalendermonats möglich und muss spätestens am Schluss des vorangegangenen Monats erfolgen.

3.) Das Arbeitsverhältnis kann von beiden Seiten ohne Einhaltung einer Kündigungsfrist gekündigt werden, wenn ein wichtiger Grund hierfür vorliegt.

4.) Die Arbeitszeit beträgt wöchentlich 48 Stunden,
montags - freitags von 8.15 - 12.45 Uhr, 14.00 - 18.00 Uhr
sonnabends von 8.00 - 13.30 Uhr.
Ein Anspruch auf Vergütung von Ueberstunden besteht nicht.

5.) Die Bezüge richten sich nach freier Vereinbarung von beiden Seiten und sind Jahresbezüge, die in 12 gleichbleibenden monatlichen Zahlungen postnumerando per ultimo eines jeden Monats zahlbar sind. Ein Anspruch auf besondere Urlaubs- oder Weihnachtsgelder besteht nicht.
Sie haben ein Jahresgehalt von DM 4680.-- brutto
Monatsgehalt von DM 390.-- brutto

6.) Anspruch auf Urlaub besteht nach 6-monatiger Beschäftigung.
Ihr Urlaub beträgt 12 Arbeitstage für 1 Jahr Arbeitsleistung.

7.) Sie verpflichten sich, auch nach Beendigung eines Arbeitsverhältnisses mit der VEREINIGUNG DER PAPIERDRUCKEREIEN E.V. zum strengsten Stillschweigen gegenüber dritten Personen. Dieses Stillschweigen umfasst alle persönlichen und geschäftlichen Angelegenheiten, von denen Sie im Verlauf Ihrer Tätigkeit bei der VEREINIGUNG DER PAPIERDRUCKEREIEN E.V. Kenntnis bekommen haben.

8.) Aenderung und Ergänzung dieses Vertrages bedürfen zu ihrer Gültigkeit der schriftlichen Bestätigung, die auch einseitig erfolgen kann und wirksam wird, sobald von der anderen Seite innerhalb einer Frist von 10 Tagen kein Einspruch erfolgt.

Arbeitgeber:
VEREINIGUNG DER PAPIERDRUCKEREIEN E.V.

Arbeitnehmer:
Willy Theisen

Bonn / Rhein, den 1. Januar 1954

Aufträge

1. Ermitteln Sie auch mit Hilfe der entsprechenden Rechtsquellen (z. B. Tarifvertrag, Arbeitsschutzgesetze), wie ein Arbeitsvertrag mit einem 35-jährigen Verkäufer/Einzelhandelskaufmann heute inhaltlich gestaltet sein sollte.
2. Stellen Sie Ihr Ergebnis mit Begründung in der Klasse vor.

Aufgaben

Aufgabe 1
Begründen Sie, warum Arbeitsverträge grundsätzlich schriftlich abgefasst werden sollten.

Aufgabe 2
Erklären Sie, warum bei Arbeitsverträgen eine Vielzahl von gesetzlichen Regelungen beachtet werden muss, obwohl damit der Grundsatz der Vertragsfreiheit deutlich eingeschränkt ist. Welche Risiken sind damit für den Arbeitsmarkt verbunden?

Aufgabe 3
Überlegen Sie, wieso es für den Arbeitnehmer wichtig ist, dass er aus seinem Arbeitsvertrag das Recht auf Beschäftigung ableiten kann.

Aufgabe 4
Im Lernfeld 1, Kapitel 6 Ihres Fachbuches finden Sie mögliche Inhalte eines Arbeitsvertrages. Welche Inhalte enthält Ihr Ausbildungsvertrag?

Aufgabe 5
Die Beska GmbH hat mit dem 17-jährigen David E. einen Arbeitsvertrag abgeschlossen. Was muss der Einzelhandel allgemein bzgl. seines Urlaubsanspruches berücksichtigen?

a) Sein Anspruch auf Urlaub muss dann dem allgemein verbindlichen Tarifvertrag entsprechen, wenn dieser besser als im Jugendarbeitsschutzgesetz geregelt ist.
b) Sein Urlaubsanspruch entspricht stets dem des Bundesurlaubsgesetzes.
c) Sein Urlaubsanspruch muss dem HGB entsprechen.
d) Sein Urlaubsanspruch entspricht dem im Lohn- und Gehaltstarif des Einzelhandels festgelegten Urlaub.
e) Sein Urlaubsanspruch wird den entsprechenden Arbeitsmarktbedingungen angepasst, unabhängig von Gesetzen und Tarifen.

Aufgabe 6
Für David E. gelten nach der Einstellung bei der Beska GmbH arbeitsrechtliche Vorschriften. Welche der folgenden Vorschriften muss die Beska GmbH beachten?

a) David E. muss bei der Industrie- und Handelskammer eine Arbeitserlaubnis beantragt haben.
b) David E. hat vor Beginn seiner Tätigkeit ein Gesundheitszeugnis im Personalbüro der Beska GmbH abgegeben.
c) David E. muss sich zunächst beim Betriebsrat vorstellen.
d) David E. hat die bei der Beska GmbH festgelegten Arbeitszeiten einzuhalten.
e) David E. hinterlegt im Personalbüro der Beska GmbH seinen gesamten bisherigen Versicherungsverlauf.

Aufgabe 7
Die Tarifparteien haben einen neuen Gehaltstarifvertrag Einzelhandel ausgehandelt. Die Gehälter sollen um 2 % steigen. Überprüfen Sie, unter welchen Voraussetzungen die Beska GmbH nun ihren Mitarbeitern 2 % mehr Gehalt zahlen muss bzw. unter welchen Voraussetzungen die Beska-Mitarbeiter Anspruch haben auf eine 2 %ige Gehaltssteigerung!

Aufgabe 8
Erkundigen Sie sich in Ihrem Unternehmen, ob der Arbeitsvertrag an einen Tarifvertrag gebunden ist. An welchen?

Aufgabe 9
In einer Talkshow fordert der Vorstandsvorsitzende der Kaufrausch AG als Arbeitgebervertreter maßvolle Tarifabschlüsse als Voraussetzung für neue Arbeitsplätze. Dafür fordert er staatliche Unterstützung ein. Ein Vertreter der Bundesregierung merkt hierzu an, dass der Staat nicht die Möglichkeit einer direkten Einwirkung auf die Tarifparteien hat.

a) Wer schließt Tarifverträge ab?
b) Warum hat der Staat keine Möglichkeit, auf die Tarifabschlüsse der Tarifparteien einzuwirken?

Aufgabe 10
Ordnen Sie den folgenden Vereinbarungen je eine Aussage zum Arbeitsrecht zu.

a) Einzelarbeitsvertrag
b) Betriebsvereinbarung
c) Tarifvertrag

Aussagen zum Arbeitsrecht
① entsteht durch Vereinbarung zwischen Arbeitgeberverbänden und Gewerkschaften.
② entsteht durch eine Ministerverordnung basierend auf einem bereits bestehenden Gesetz.
③ entsteht nach Antrag einer Tarifpartei durch die Erklärung des Bundesministers für Arbeit und Soziales.
④ entsteht durch Vereinbarung zwischen Betriebsrat und Arbeitgeber, gilt für die Arbeitnehmer.
⑤ entsteht durch einen Antrag des Arbeitgebers und durch die Annahme des Arbeitnehmers.

Lernsituation 9 Betriebliche Mitbestimmung

Aushang am schwarzen Brett in der Beska GmbH:

Beska
BERLINER SUPERKAUF GMBH

Betriebsrat der Beska GmbH

Einladung

Zur diesjährigen Betriebsversammlung im Personalraum im Obergeschoss

Liebe Kolleginnen und Kollegen!
Irgendwann ist nun mal Schluss! Für uns ist jetzt der richtige Zeitpunkt gekommen, in den Ruhestand zu gehen. Deshalb stehen wir für die anstehende Wahl zum Betriebsrat nicht mehr zur Verfügung. Jetzt müssen die Jungen mal ans Ruder!

Zwei Teams wollen sich dieser Aufgabe stellen. Entscheiden Sie selbst durch Ihre Stimmenabgabe, wer Ihre Interessen in der Beska GmbH vertreten soll.

An dieser Stelle möchte ich noch einmal besonders unsere neuen Auszubildenden begrüßen. Seit Jahren rege ich an, endlich einmal eine Jugend- und Auszubildendenvertretung zu gründen. Vielleicht sind ja bei unseren Neuzugängen engagierte junge Leute dabei, die diese Herausforderung annehmen wollen.

Tagesordnung:
1. Begrüßung und Feststellung der Tagesordnung
2. Genehmigung des letzten Protokolls
3. Vorstellung der neuen Auszubildenden
4. Wahl des Betriebsrates
5. Wahl der Jugend- und Auszubildendenvertretung
6. Der Arbeitsschutz in unserer Beska GmbH

Abschließend möchte ich mich bei Ihnen für Ihr langjähriges Vertrauen bedanken.

Es lädt ein:

Der Betriebsrat

Zwei Teams stehen für den Betriebsrat der Beska GmbH zur Wahl. Auf der folgenden Seite stellen sie sich den Kolleginnen und Kollegen vor.

Wählt das 5er-Team

– denn 10 Augen sehen mehr –

Mit uns wird alles besser, wir kümmern uns um Ihre Sorgen!

T.Trautmohn
P. Döring
St. Wolff
J. Andres
C. Schugt

Wir stehen für:

- Gleitzeit
- Urlaub, wann immer Sie möchten
- sichere Arbeitsplätze
- Samstags schließen wir um 14:00 Uhr das Geschäft!

Macht uns stark im Kampf gegen die Geschäftsführung – dann seid auch ihr stark!

Die 3

– jung, dynamisch, belastbar –

F. Fuchs,
M. Matzerath,
L. Leyendecker

- Wir verstehen uns als Vermittler zwischen Ihren Interessen und den Zielen der Geschäftsführung.
- Wir kämpfen für Sie und damit für die Beska, denn wir alle sind die Beska!
- Wir führen die bewährte Arbeit des bisherigen Betriebsrates weiter!

Für eine starke Beska!

Aufträge

1. Informieren Sie sich über die Wahl und die Aufgaben des Betriebsrates, indem Sie folgende Fragen schriftlich beantworten:

a) Aus wie vielen Personen besteht der Betriebsrat in der Beska GmbH?
b) Wer kann den Betriebsrat wählen?
c) Wer kann in den Betriebsrat gewählt werden?
d) Wann und wie oft wird der Betriebsrat in einem Unternehmen gewählt?
e) Welche Aufgaben hat der Betriebsrat?
f) Welche Rechte hat der Betriebsrat im Betrieb?

2. Nachdem Sie sich nun allgemein über den Betriebsrat informiert haben, sind Sie in der Lage, die einzelnen Wahlversprechen der Kandidaten zu beurteilen. Welche Bewerber würden Sie als Mitarbeiter der Beska GmbH wählen? Begründen Sie Ihre Wahl.

3. Informieren Sie sich über die Wahl und die Aufgaben der Jugend- und Auszubildendenvertretung, indem Sie folgende Fragen schriftlich beantworten:

a) Kann in der Beska GmbH eine Jugend- und Auszubildendenvertretung (JAV) gebildet werden? Wenn ja, aus wie vielen Personen würde sie bestehen?
b) Wer wählt die JAV?
c) Wer kann zur JAV gewählt werden?
d) Wann und wie oft wird die JAV gewählt?
e) Welche allgemeinen Aufgaben hat die JAV?

4. Sie überlegen, ob Sie sich der Herausforderung, eine JAV zu gründen, stellen sollen. Erstellen Sie für sich persönlich eine Pro-und-Kontra-Liste, in der Sie zwei Argumente für und zwei Argumente gegen Ihre persönliche Kandidatur nennen!

5. Sie haben sich entschieden, für die JAV zu kandidieren. Überlegen Sie sich fünf Argumente, warum man Sie wählen sollte. Halten Sie anschließend vor Ihrer Klasse eine Wahlrede.

Arbeitsblatt 9.1 Betriebsrat

Der Betriebsrat

Jugend- und Auszubildendenvertretung

wählen dürfen alle, ______

gewählt werden dürfen alle, ______

______

Amtszeit: ______

Wahl

zulässig ab ______

Arbeitnehmer

Wählen dürfen alle Arbeitnehmer, die ______

Gewählt werden dürfen alle, ______

Amtszeit: ______

Rechte

Mitbestimmungsrechte

Mitwirkungsrechte

Unterrichtungsrecht

Aufgabe 1

a) Erklären Sie mit eigenen Worten die Grafik zur betrieblichen Mitbestimmung.

b) Woran liegt es Ihrer Meinung nach, dass es bei kleineren Unternehmen so wenige Betriebsräte gibt?

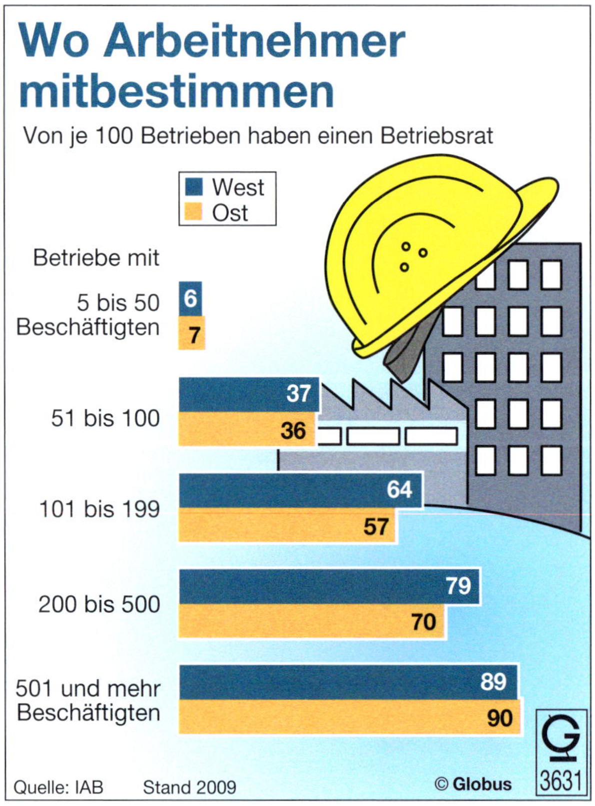

Aufgabe 2

In dem Warenhaus Kaufrausch sind Mitarbeiter mit folgender Altersstruktur beschäftigt:

- 5 Mitarbeiter im Alter von 16 bis unter 18 Jahren, davon 4 Auszubildende
- 10 Mitarbeiter im Alter von 18 bis unter 25 Jahren, davon 3 Auszubildende
- 30 Mitarbeiter im Alter von 25 bis unter 40 Jahren
- 11 Mitarbeiter im Alter von 40 bis unter 50 Jahren
- 5 Mitarbeiter im Alter von 50 bis unter 65 Jahren

a) Ermitteln Sie, wie viele Mitarbeiter bei der anstehenden Wahl zum Betriebsrat wahlberechtigt sind!

b) Ermitteln Sie, wie viele Mitarbeiter bei der anstehenden Wahl der Jugend- und Auszubildendenvertretung wahlberechtigt sind!

Aufgabe 3

Was ist eine Betriebsversammlung und was ist eine Betriebsvereinbarung? Erläutern Sie diese Begriffe und grenzen Sie die Begriffe voneinander ab!

Aufgabe 4

Welche Vereinbarungen gelten in Ihrem Betrieb, die auf der Grundlage einer Betriebsvereinbarung geschlossen wurden?

Aufgabe 5

Welche innerbetrieblichen Regelungen würden Sie als JAV-Vertreter/in Ihrem Betrieb durchsetzen wollen? Begründen Sie!

Aufgabe 6

Können Mitarbeiter gegen den Willen der Geschäftsleitung einen Betriebsrat gründen? Argumentieren Sie!

Aufgabe 7

Beurteilen Sie die unten aufgeführten Fälle. Welche werden erst durch Zustimmung des Betriebsrates wirksam? Begründen Sie Ihre Entscheidung.

a) Die Geschäftsführung der Badewelt OHG beschließt, die Entgeltfortzahlung im Krankheitsfall von 100 % auf 85 % zu senken.

b) Im nächsten Monat werden auf Grund gestiegener Kosten die Preise in der Personalkantine um 1,00 € erhöht.

c) Zwei Mitarbeiter der Badewelt OHG haben eine Kündigung erhalten. Grund: Sie haben unerlaubterweise Personalrabatte an Freunde weitergegeben.

Aufgabe 8

Die Geschäftsleitung entschließt sich in Absprache mit den Abteilungsleitern, die Öffnungszeiten für die Kaufrausch AG zu ändern. Im Rahmen der für die Kaufrausch AG geltenden gesetzlich vorgeschriebenen Ladenschlusszeiten beabsichtigt sie, die Öffnungszeiten vor den vier Adventssonntagen zu verlängern. Das Geschäft soll jeweils von Freitag 6:00 Uhr bis Samstag 24:00 Uhr durchgehend geöffnet bleiben. Diese Entscheidung wird in einem Rundschreiben den Beschäftigten mitgeteilt.

Welchen Einfluss haben die Arbeitnehmer, wenn

a) ein Betriebsrat vorhanden ist?

b) kein Betriebsrat vorhanden ist?

Lernsituation 10 Soziale Sicherung

Kapitel 10
Kapitel 6.6

Situation

Die vier neuen Auszubildenden der Beska GmbH unterhalten sich am 30. September 20XX in der Mittagspause darüber, dass von der Ausbildungsvergütung laut Ausbildungsvertrag doch sehr wenig übrig bleibt, was letztlich auf ihr Konto überwiesen wird. Dabei stellt sich heraus, dass alle vier unterschiedlich viel Vergütung ausbezahlt bekommen!

Sie beschließen, bei der Personalabteilung nachzufragen, ob möglicherweise ein Berechnungsfehler vorliegt. Die Personalsachbearbeiterin stellt den Auszubildenden jeweils den eigenen Auszug aus der Personalliste zur Verfügung. Außerdem erhält jeder Auszubildende ein Merkblatt ausgehändigt.

Beska BERLINER SUPERKAUF GMBH

Auszug aus der Personalliste – Auszubildende ab 01. August 20XX

Personalnummer	Name	Vorname	Alter	Kinder	Krankenkasse	Bruttovergütung	vermögenswirksame Leistung	
47	Hinrich	Marko	19	nein	AOK	560,00 €	Bausparen	80,00 €

Personalnummer	Name	Vorname	Geburtsdatum	Kinder	Krankenkasse	Bruttovergütung	vermögenswirksame Leistung	
17	Henseler	Josef	22	nein	Barmer	560,00 €	Sparvertrag	50,00 €

Personalnummer	Name	Vorname	Geburtsdatum	Kinder	Krankenkasse	Bruttovergütung	vermögenswirksame Leistung	
43	Özbek	Abdu	23	ja	DAK	560,00 €	Bausparen	50,00 €

Personalnummer	Name	Vorname	Geburtsdatum	Kinder	Krankenkasse	Bruttovergütung	vermögenswirksame Leistung	
46	Töller	Thorsten	23	ja	AOK	560,00 €	Fondssparen	80,00 €

Merkblatt für Auszubildende: Ausbildungsvergütung und Abgaben

1. Der Arbeitgeber zahlt 13 Monatsgehälter.
2. Der Arbeitgeber zahlt einen Arbeitgeberanteil der vermögenswirksamen Leistung von 25,00 Euro.
3. Wenn das Bruttoeinkommen unter 8.004,00 Euro* im Jahr liegt, muss **keine** Lohnsteuer abgeführt werden.
4. Sozialversicherungsbeiträge (Stand: 2012):

Versicherung	Beitragssatz	Bemerkung
Rentenversicherung	19,6 %	Je 50 % vom Arbeitgeber und Arbeitnehmer
Arbeitslosenversicherung	3,0 %	Je 50 % vom Arbeitgeber und Arbeitnehmer
Krankenversicherung	einheitlicher Beitragssatz von 15,5 % (14,6 % + Sonderbeitrag 0,9%)	Je 50 % vom Arbeitgeber und Arbeitnehmer; Arbeitnehmer zahlt zusätzlich einen Sonderbeitrag in Höhe von 0,9 %.
Pflegeversicherung	1,95 %	Je 50 % vom Arbeitgeber und Arbeitnehmer; kinderlose Mitglieder zahlen ab Vollendung des 23. Lebensjahres einen Beitragszuschlag von 0,25 %.

* (Stand 2012)

Aufträge

1. Berechnen Sie den jeweiligen Nettoauszahlungsbetrag der vier Auszubildenden. Nutzen Sie dazu die Vorlage auf der folgenden Seite.
2. Begründen Sie, warum die Auszahlungsbeträge sich unterscheiden.
3. Recherchieren Sie die aktuellen Sozialversicherungsbeiträge. Berechnen Sie die Nettoauszahlung mit diesen Beiträgen.

Arbeitsblatt 10.1
Berechnungsschema Auszubildendenvergütung

		Marko	Josef	Abdu	Thorsten
	Jahr				
	Bruttovergütung				
+	vermögenswirksame Leistungen Arbeitgeber				
=	**sozialversicherungspflichtiges Gesamtbruttoeinkommen**				
–	Krankenversicherung				
–	Pflegeversicherung				
–	Rentenversicherung				
–	Arbeitslosenversicherung				
=	**Nettovergütung**				
–	vermögenswirksame Leistungen, Sparbeitrag Arbeitnehmer				
=	Auszahlungsbetrag				

Arbeitsblatt 10.2 Sozialversicherungen im Überblick

	Rentenversicherung	Arbeitslosenversicherung	Krankenversicherung	Pflegeversicherung	gesetzliche Unfallversicherung
Wer ist der Versicherungsträger?					
Welche Leistungen zahlt der Versicherungsträger?					
Wer zahlt wie viel Beitrag (in Prozent)?					

Arbeitsblatt 10.3 Gesetzliche und private Altersvorsorge

Wege der finanziellen Absicherung im Alter

- **staatlich geförderte Vermögensbildung**
  - **vermögenswirksame Leistungen**
    Erläuterung:
- **Altersvorsorge**
  - **gesetzliche Rentenversicherung**
    Erläuterung:
  - **betriebliche Altersvorsorge**
    Erläuterung:
  - **private Altersvorsorge am Beispiel der Riester-Rente**
    Erläuterung:

Aufgabe 1
Man spricht im Zusammenhang mit der gesetzlichen Sozialversicherung von den „fünf Säulen des Sozialstaats". Was ist damit gemeint?

Aufgabe 2
Welche Versicherung trägt die anfallenden Kosten? Ordnen Sie die jeweils zahlende Versicherung den Fällen zu!

a) Der Angestellte Bibber bleibt wegen Schüttelfrost zu Hause. Wer zahlt die Kosten seines Arztbesuches?
b) Ein 50-jähriger Abteilungsleiter stirbt überraschend und hinterlässt eine Frau und drei Kinder. Wer zahlt den Lebensunterhalt der Hinterbliebenen?
c) Frau Schmitz hat eine pflegebedürftige Mutter. Wer zahlt die Pflegerin?
d) Katrin Müller ist schwanger. Sie muss regelmäßig zur Vorsorgeuntersuchung. Wer zahlt diese?
e) Der Arbeitgeber von Herrn Hansen hat aus Altersgründen seinen Betrieb aufgegeben. Nun ist Herr Hansen arbeitslos. Wer zahlt für seinen Lebensunterhalt?
f) Ein 65-jähriger Angestellter begibt sich in den Ruhestand. Wer zahlt seine Rente?
g) Der Angestellte Hupf rutscht auf dem Betriebsgelände seines Arbeitgebers auf einer Banane aus, fällt und bricht sich dabei die Hand. Er benötigt eine ärztliche Versorgung. Wer zahlt?

Aufgabe 3
Beantworten Sie die folgenden Fragen zum Thema Sozialversicherungen durch Ankreuzen.

a) Welche Personengruppe ist in keiner Sozialversicherung erfasst?
1) Arbeiter
2) Angestellte
3) Auszubildende
4) Rentner
5) Selbstständige

b) Wodurch werden die Leistungen der Sozialversicherung finanziert?
1) Steuern
2) Versicherungsbeiträge
3) freiwillige Vorsorge
4) allgemeine Staatsausgaben
5) Aktienfonds

c) Welche der genannten Ereignisse werden durch die gesetzliche Unfallversicherung erfasst?
1) Freizeitunfall
2) Arbeitsunfähigkeit wegen Drogensucht
3) Berufskrankheit
4) Unfall durch Ausrutschen in der eigenen Badewanne
5) allgemeine Alterserscheinungen des Arbeitnehmers

d) Wer zahlt für einen Arbeitslosen die Beiträge zur gesetzlichen Krankenversicherung?
1) er selbst
2) seine private Versicherung
3) die Rentenversicherung
4) der bisherige Arbeitgeber und der Arbeitslose 50/50
5) Arbeitsagentur

e) Welche Beiträge muss der Arbeitgeber nicht vom Bruttolohn abziehen und dem entsprechenden Versicherungsträger überweisen?
1) gesetzliche Rentenversicherung
2) Arbeitslosenversicherung
3) gesetzliche Pflegeversicherung
4) Lebensversicherung
5) gesetzliche Krankenversicherung

f) Ein Angestellter verdient 3.500,00 € brutto im Monat. In welcher Versicherungsart ist er pflichtversichert?
1) Krankenversicherung
2) Lebensversicherung
3) Haftpflichtversicherung
4) Rentenversicherung
5) private Unfallversicherung

Aufgabe 4
Ergänzen Sie die fehlenden Begriffe.
Die Höhe der Sozialversicherungsabgaben ist von den familiären Verhältnissen weitgehend unabhängig.

Maßgeblich ist allein die Höhe des ______________

____.

Nur bei der ____________________________ spielt es eine Rolle, ob Kinder berücksichtigt werden müssen. Kinderlose zahlen einen Zuschlag von ______________ Prozentpunkten, wenn sie älter als ______________ Jahre sind.

Aufgabe 5
Durch das 5. Vermögensbildungsgesetz (VermBG) fördert der Staat die Vermögensbildung seiner Bürger. Warum unterstützt der Staat die Bürger bei der Vermögensbildung? Erläutern Sie die Interessen des Staates.

Aufgabe 6
Beantworten Sie die folgenden Fragen zum 5. Vermögensbildungsgesetz.

a) Wer kann unter welchen Voraussetzungen vermögenswirksam Sparen?
b) Wer zahlt die Arbeitnehmersparzulage?
c) Wer zahlt die vermögenswirksamen Leistungen und ist er dazu verpflichtet?
d) Wie viel Euro können jährlich maximal vermögenswirksam angelegt werden, wenn
   - ein Bausparvertrag abgeschlossen wurde?
   - ein Investmentfondsparvertrag abgeschlossen wurde?
   - wenn ein Bausparvertrag und ein Investmentfondsparvertrag abgeschlossen wurden?
e) Wie viel Euro erhält ein Arbeitnehmer an Sparzulage, wenn er
   - einen Bausparvertrag abgeschlossen hat?
   - einen Investmentfondsparvertrag abgeschlossen hat?
   - einen Bausparvertrag und einen Investmentfondsparvertrag abgeschlossen hat?

Aufgabe 7
Carla Düster, Substitutin bei der Beska GmbH, ist verheiratet und hat ein Kind. Ihr sozialversicherungspflichtiges Entgelt betrug im Vorjahr 33.000,00 €. Sie hat einen Riester-Rentenvertrag bei ihrer Versicherung abgeschlossen.

a) Wie viel Euro muss Carla Düster im Jahr sparen, um die maximale staatliche Zulage zu erhalten?
b) Wie viel Euro beträgt dabei ihre eigene Sparleistung?

Aufgabe 8
a) Beschreiben und analysieren Sie die unten stehende Grafik.
b) Für wie wichtig erachten Sie heutzutage die private Altersvorsorge? Nehmen Sie Stellung und beziehen Sie in Ihre Argumentation die unter a) analysierte Grafik mit ein und die Tatsache, dass unser Rentensystem nach dem Umlageverfahren finanziert wird!

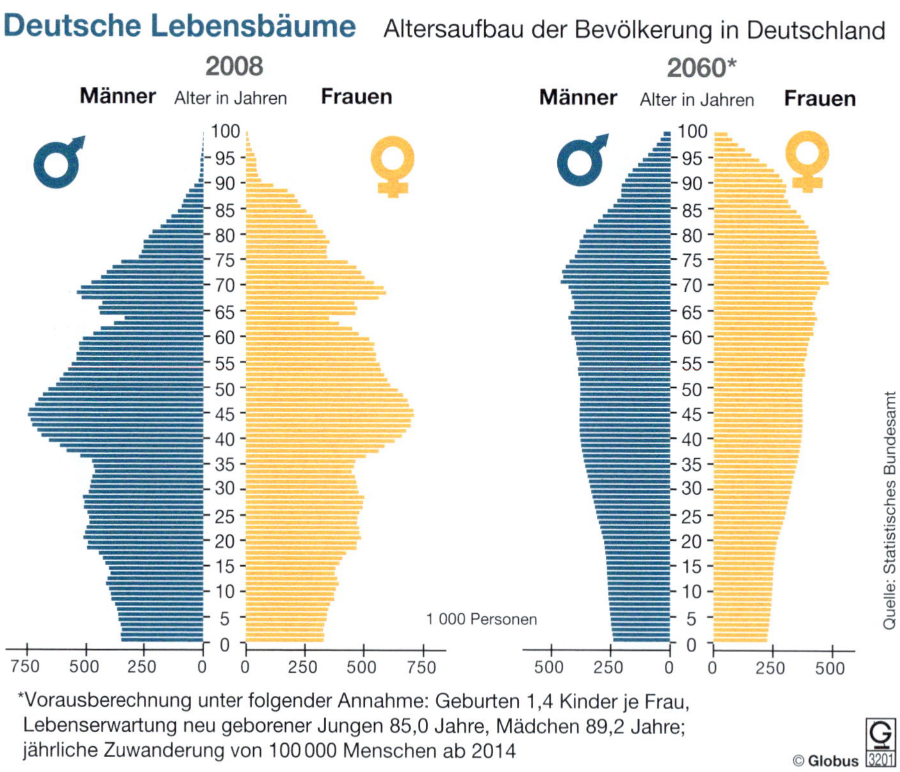

Lernsituation 11 Gesetzlicher Arbeitsschutz

Kapitel 11

Situation

Hausmitteilung

Datum: ____________________

Beska
BERLINER SUPERKAUF GMBH

Absender	Empfänger	Weiterverwendung
[X] Geschäftsleitung	[ ] Geschäftsleitung	[ ] zur Kenntnisnahme
[ ] Verwaltung/Verkauf	[X] Verwaltung/Verkauf	[X] zur Erledigung
[ ] Warengruppe ____________	[ ] Warengruppe ____________	[ ] zur Stellungnahme
[ ] Frau/Herr ____________	[ ] Frau/Herr ____________	

Liebe Mitarbeiter,

da es immer wieder Nachfragen bzw. Unklarheiten zu den gesetzlichen Regelungen von

- Arbeitszeit,
- Urlaub,
- Beschäftigungspflicht,
- Mutterschutz,
- Elternzeit und
- Kündigung

gibt, sollten wir für unsere Infobretter aussagekräftige Übersichten zur Verfügung stellen.
Bitte erarbeiten Sie zu jedem Thema eine übersichtliche Darstellung.

K. List

Auftrag

Bilden Sie möglichst sechs Gruppen, die die o.g. gesetzlichen Regelungen erarbeiten und dann auf einer Folie, einem Plakat oder als Power-Point-Präsentation verständlich und übersichtlich präsentieren.

Für den Aushang am Infobrett der Beska GmbH wird außerdem jeweils ein übersichtliches Merkblatt notwendig, das sie natürlich auch jedem Ihrer Mitschüler zur Verfügung stellen können.

Arbeitsblatt 11.1 Gesetzlicher Arbeitsschutz, Teil 1

Arbeitszeit

ist im ______ gesetz geregelt.
Werktägliche Regelung:

Ruhepausenregelung:

Urlaub

ist im ______ gesetz geregelt.
Gesetzlicher Urlaubsanspruch ist ___ Tage.
Tariflicher Urlaubsanspruch:

Erkrankung während der Urlaubstage:

Beschäftigungspflicht bei Schwerbehinderung

ist im ______ geregelt;
gilt für einen Behinderungsgrad von mind. ___ %.
Für Betriebe mit mindestens 20 Arbeitsplätzen gilt:

Regelung für den Kündigungsschutz:

Arbeitsblatt 11.2 Gesetzlicher Arbeitsschutz, Teil 2

Mutterschutz

ist im ____________ gesetz geregelt.

Inhalt:

Regelung für Mutterschaftsgeld:

Beschäftigung von Schwangeren bedeutet für den Betrieb:

Elternzeit

ist im ____________ gesetz geregelt.

Anspruch auf Elternzeit:

Auswirkungen auf das Arbeitsverhältnis:

Auswirkungen auf die Ausbildungszeit:

Regelung für Elterngeld:

Kündigungsschutz

ist im ____________ geregelt.

Begründung für besonderen Schutz des Arbeitsplatzes:

Kündigungsschutz gilt vor allem für:

Kündigungsschutz gilt nur, wenn:

Aufgabe 1
Unter gesetzlichem Arbeitsschutz versteht man sowohl sozialen Arbeitsschutz als auch Betriebs- und Gefahrenschutz. Erklären Sie kurz die Begriffe und welche Bedeutung die Regelungen für den betrieblichen Alltag haben.

Aufgabe 2
Erklären Sie die folgenden Zeichen:

Aufgabe 3
Beschreiben und erklären Sie die unten stehende Grafik.

a) Welches Gesetz verhindert, dass die Überstunden Überhand nehmen?
b) Erklären Sie kurz die aktuelle Regelung zur werktäglichen Arbeitszeit mit eigenen Worten.

Aufgabe 4
Erklären Sie die Regelung der Beschäftigungspflicht für behinderte Menschen mit eigenen Worten.

Aufgabe 5
Welche besonderen Vorkehrungen muss der Arbeitgeber für schwangere Mitarbeiterinnen am Arbeitsplatz treffen?

Aufgabe 6
Weshalb wird der Arbeitsplatz durch das Kündigungsschutzgesetz besonders geschützt?

Aufgabe 7
Andrea Löchel hat sich auf ihren Sommerurlaub schon sehr lange gefreut – nun passiert ihr ausgerechnet auf dem Weg zum Flughafen ein Missgeschick: Sie knickt um, der Fuß schwillt an, sie muss ins Krankenhaus und bekommt einen Gipsverband. Sie kann ihre Reise nicht antreten. Andrea ist am Boden zerstört. Verfällt ihr Urlaubsanspruch? Begründen Sie Ihre Entscheidung!

Aufgabe 8
In dem Einzelhandelsgeschäft Lotnar kam es zu folgender Situation: Der Geschäftsführer Herr Baltasar hat auf Grund der Neueinstellung einer Einzelhandelskauffrau der schwangeren Mitarbeiterin Cordula Mert mit einer Kündigungsfrist von vier Wochen gekündigt. Frau Mert will ihre Kündigung für unwirksam erklären lassen. Welche Begründung benötigt sie dafür?

a) Es gilt eine Kündigungsfrist von sechs Wochen.
b) Herr Baltasar hätte die schwangere Frau Mert gar nicht einstellen dürfen.
c) Frau Mert hat einen besonderen Kündigungsschutz.
d) Es gilt lediglich eine fristlose Kündigung.
e) Frau Mert darf keinen Einspruch einlegen.

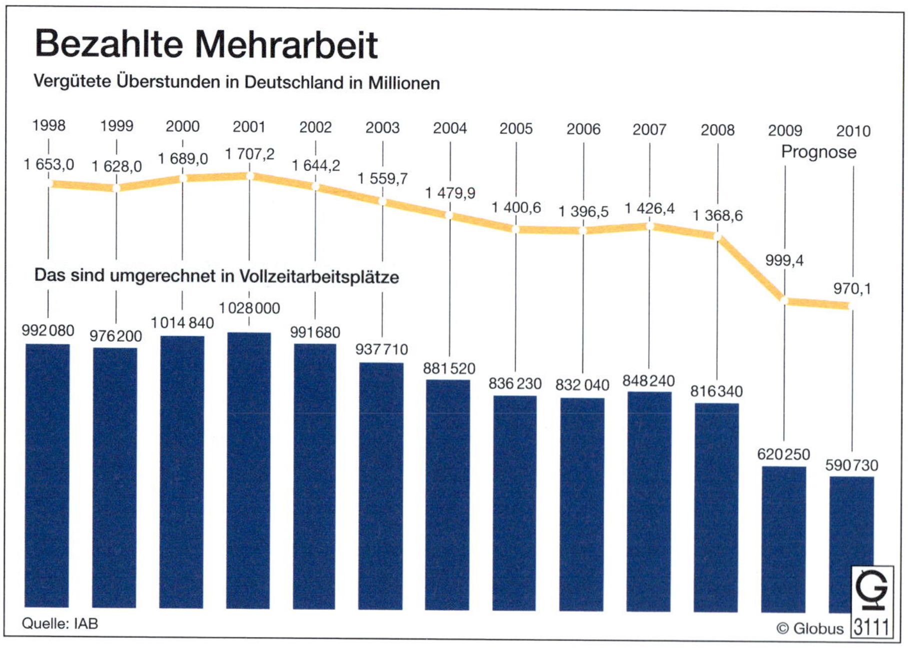

Abb. zu Aufgabe 3

Lernsituation 12 Elternzeit

Kapitel 11.1.5

Situation

Claudia, 21 Jahre, ist happy! Dass ihr seit zwei Wochen morgens übel ist, kann ihr nicht die Laune verderben, denn letzte Woche hat sie ihre mündliche Prüfung absolviert und ist nun ausgebildete Handelsassistentin.
Sie arbeitet nun seit vier Monaten in der Spielzeugabteilung der Beska GmbH, ihrer absoluten Wunschabteilung. Ihr Bruttogehalt beträgt seitdem 1.782,00 €, davon bekommt sie 980,00 € netto ausgezahlt.
Privat kann es auch nicht besser laufen. Ihr Freund Fabian ist 23 Jahre alt und arbeitet auch bei der Beska GmbH in der Werkzeugabteilung als Erster Verkäufer. Er hat bereits vor zwei Jahren seine Ausbildung zum Einzelhandelskaufmann abgeschlossen und verdient zurzeit 2.011,00 € brutto. Claudia und Fabian wohnen seit einem Jahr zusammen und planen für die Zukunft ein gemeinsames Leben.
Als Claudia heute von der Arbeit nach Hause kommt, findet sie einen Brief von der Beska GmbH (siehe nächste Seite) und eine Nachricht auf ihrem Anrufbeantworter vor, die ihr ganzes Leben auf den Kopf stellen.

Hallo Frau Schugt,
hier spricht die Praxis von Frau Doktor Kleinhaus. Wie besprochen, rufen wir sie an, da nun die Ergebnisse Ihres Schwangerschaftstests vorliegen. Das Ergebnis ist „positiv“...

Am Abend setzen sich Fabian und Claudia zusammen und besprechen die neue Situation. Wie kann ihr zukünftiges Leben aussehen? Ein Abbruch kommt für beide eigentlich nicht in Frage. Wie können sie ihr neues Leben organisieren und Familie und Karriere vereinbaren? Wie werden sie finanziell über die Runden kommen?

Auftrag

Entwickeln Sie verschiedene Lebensmodelle für Claudia und Fabian unter Berücksichtigung der Elternzeit und des Elterngeldes.

Beska
BERLINER SUPERKAUF GMBH

Beska Berliner Superkauf GmbH . Tauentzienstraße 60 . 10789 Berlin

Frau
Claudia Schugt
Bahnhofstraße 13
10557 Berlin

Tauentzienstraße 60
10789 Berlin

Telefon 030 936-0
Telefax 030 936-14
E-Mail info@Beska.de

Weiterbildung zur Substitutin

28.06.20XX

Sehr geehrte Frau Schugt,

herzlichen Glückwunsch zur bestandenen Abschlussprüfung Ihrer Ausbildung zur Handelsassistentin. Aufgrund Ihrer hervorragenden Ergebnisse während Ihrer Ausbildung und bei der Abschlussprüfung sind Sie für unser internes Weiterbildungsprogramm für kommende Führungskräfte vorgeschlagen worden. Dieses Weiterbildungsprogramm beginnt in einem Jahr am 01. Juni und dauert ein Jahr.

Sie werden an einem Tag in der Woche Fachunterricht in unseren Seminarräumen erhalten und zusätzlich 6 Wochen über das Jahr verteilt Seminare außerhalb der Beska besuchen. Wir freuen uns, wenn Sie diese einmalige Chance ergreifen und eine Karriere in unserem Haus in Angriff nehmen.

Mit freundlichen Grüßen

Klaus List

Geschäftsführer

Beska
Berliner Superkauf GmbH

Tauentzienstraße 60
10789 Berlin
Geschäftsführer
Klaus List

Telefon 030 936-0
Fax 030 936-14
E-Mail info@Beska.de
Web www.Beska.de

Handelsregister
Amtsgericht Berlin
HR B 98 72
Littenstr. 22–17
10117 Berlin

Finanzamt
Berlin Innenstadt
Siegstr. 235
10249 Berlin
USt-IdNr. DE136543107

Bankverbindungen
Deutsche Bank
BLZ 100 700 00
Konto 178 604 423

Bankgesellschaft Berlin
BLZ 100 200 00
Konto 103 016 402

Aufgaben

Aufgabe 1

Die Auszubildende Britt erfährt während des 2. Ausbildungslehrjahres, dass sie schwanger ist. Sie möchte selbstverständlich die erste Zeit nach der Entbindung bei ihrem Kind bleiben.
Klären Sie, ob Britt Anspruch auf Elternzeit hat. Kann Britt erst dann Elternzeit in Anspruch nehmen, wenn ihr Arbeitgeber zustimmt? Begründen Sie Ihre Meinung.

Aufgabe 2

Britt hat von einer Freundin gehört, dass sich ihre Ausbildungszeit durch die Inanspruchnahme ihrer Elternzeit nicht verlängern wird. Sie ist erleichtert und fühlt sich in ihrer Entscheidung bestätigt. Nehmen Sie dazu kritisch Stellung!

Aufgabe 3

Nachdem sich Britt über Elternzeit schlaugemacht hat, muss sie sich jetzt noch um das Elterngeld kümmern.

a) Wo kann Britt das Elterngeld beantragen?
b) Wie lange kann sie bzw. können sie und ihr Partner Elterngeld in Anspruch nehmen?

Aufgabe 4

Marlene und Hubert erwarten ihr erstes Kind.

a) Was muss das werdende Elternpaar tun, um Elternzeit in Anspruch nehmen zu können? Recherchieren Sie z. B. im Internet.
b) Marlene hat sich dann für eine Elternzeit von zwei Jahren entschieden. Allerdings befürchtet sie, dass ihr Arbeitgeber sie während dieser Zeit plötzlich kündigen könnte. Nehmen Sie dazu Stellung.

Lernsituation 13 Fit bleiben am Arbeitsplatz!

Kapitel 12

Aushang am schwarzen Brett der Beska GmbH:

Beska
BERLINER SUPERKAUF GMBH

Liebe Mitarbeiter,

die Personalabteilung leitete vor einigen Wochen besorgniserregende Zahlen an die Geschäftsleitung weiter: Der Krankenstand bei der Beska GmbH weicht deutlich vom durchschnittlichen Krankenstand in Deutschland ab!

Bei der Beska fehlte im letzten Geschäftsjahr durchschnittlich jeder Mitarbeiter 11,4 Tage im Jahr. Im Bundesdurchschnitt beliefen sich die Fehltage auf Grund von Krankheit aber nur auf 9,3 Tage je Mitarbeiter/Mitarbeiterin.

Zum einen sind das enorme Kosten, die wir so nicht weiter tragen können. Zum anderen stellt sich für ein sozial engagiertes Unternehmen, wie wir es sind, die Frage: Warum sind unsere Mitarbeiter überdurchschnittlich häufig krank?

Macht die Beska krank?

Um dieser Frage auf den Grund zu gehen, hat die Personalabteilung eine anonyme Befragung bei unseren Mitarbeiterinnen und Mitarbeitern durchgeführt. Wir leiten nun die Ergebnisse dieser Befragung an Sie weiter und fordern Sie auf, Verbesserungsvorschläge bei der Personalabteilung einzureichen, die dazu beitragen, Ihre Gesundheit zu verbessern!

Was kann die Beska tun und was können Sie persönlich ändern, damit Sie sich wohler und gesünder fühlen?

Jeder Verbesserungsvorschlag, der von der Geschäftsleitung angenommen und umgesetzt wird, wird mit 100,00 € belohnt. Für besonders innovative Vorschläge wird ein Sonderpreis in Höhe von 1.000,00 € ausgelobt!

Die Geschäftsleitung

Arbeitsblatt 13.1 Krankenstand der Beska GmbH

Ergebnisse der anonymen Befragung „Welche Krankheiten hatten Sie im vergangenen Jahr?“

Abteilung/ Warengruppe	Anzahl der Mitarbeiter	Krankentage, gesamt	durchschnittliche Fehltage je Mitarbeiter	Krankheiten (Reihenfolge ist abhängig von der Häufigkeit der Nennungen)
01 Körperpflege/ Kosmetik	5	91 Tage		• psychische Beschwerden auf Grund von Mobbing (zwei Mitarbeiterinnen fehlten zusammen 80 Tage) • Kopfschmerzen • Rückenschmerzen
02 Bürobedarf	6	37 Tage		• Kopfschmerzen • Rückenbeschwerden
03 Lederwaren	4	33 Tage		• Rückenbeschwerden • Erkältung • Atemwege
04 Textilwaren	6	66 Tage		• Erkältungen • Rückenbeschwerden • psychische Probleme (Stress)
05 Spielwaren	6	72 Tage		• Erkältung • Rückenbeschwerden
06 Werkzeug	5	25 Tage		• Magen-Darm-Virus • Grippe • Rückenbeschwerden
07 Uhren/Schmuck	3	59 Tage		• psychische Probleme (Stress, Angst vor dem Vorgesetzen) • Rückenschmerzen • Erkältung
08 Porzellan/Glas	4	47 Tage		• Grippe • Rückenbeschwerden • Kopfschmerzen
09 Lebensmittel	6	89 Tage		• Rückenbeschwerden • Bandscheibenvorfall • Sehnenscheidenentzündung am Handgelenk • Erkältung • Grippe
Verwaltung	1	5 Tage		• Rückenbeschwerden • Erkältung
Summe	**46**	**524 Tage**	**11,4 Tage**	

Arbeitsblatt 13.2 Wie bleibe ich fit?

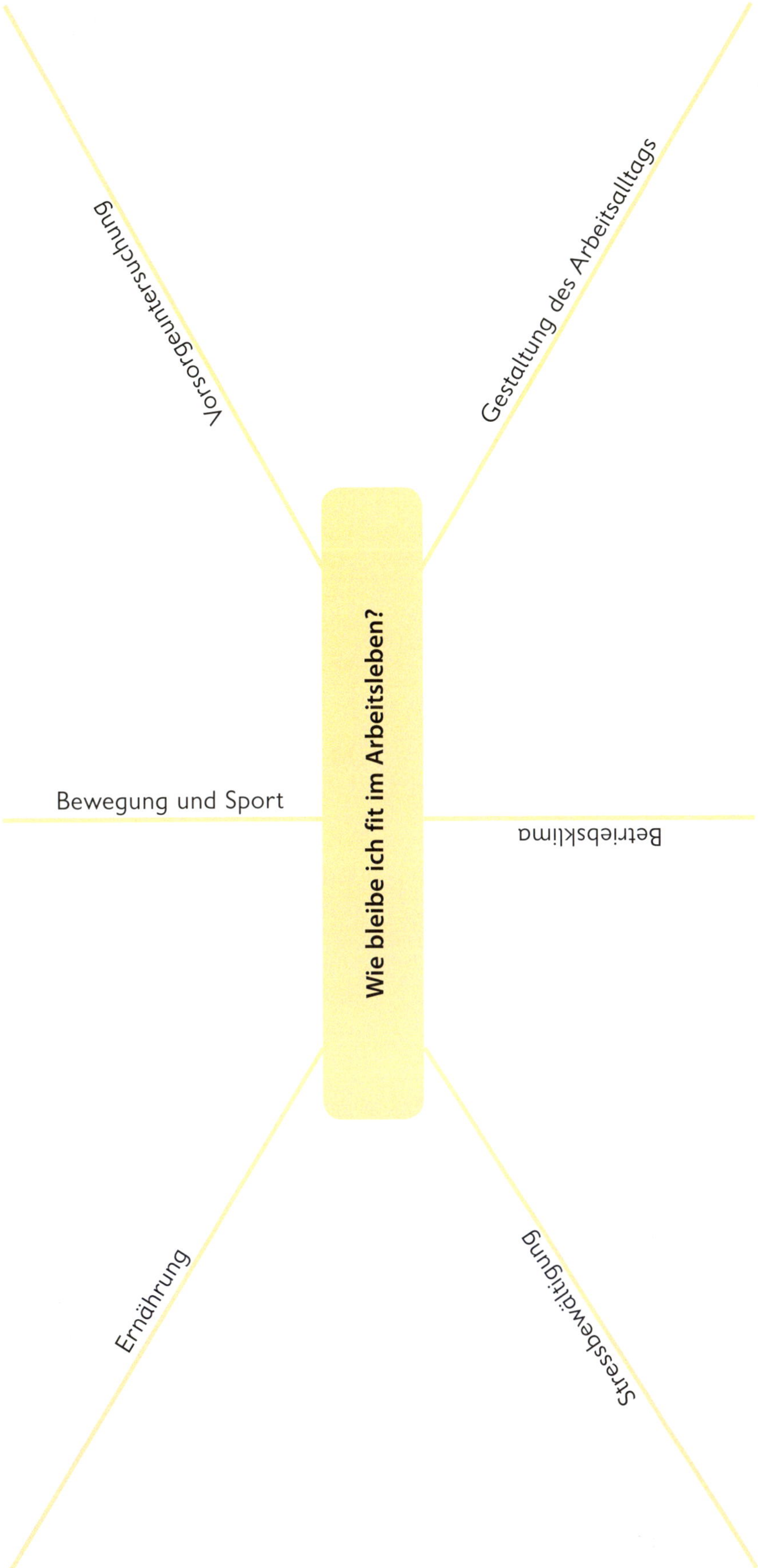

Aufgabe 1
Welche körperlichen Belastungen erfahren Verkäufer täglich im Einzelhandel und wie können Sie diesen begegnen?

a) Zählen Sie fünf typische körperliche und seelische Beschwerden auf, die im Laufe des Arbeitstages bei einem Verkäufer auftreten können.
b) Schildern Sie jeweils eine Maßnahme, die den jeweiligen Beschwerden Abhilfe verschafft.

Aufgabe 2
In der Lebensmittelabteilung der Beska GmbH leiden viele Verkäuferinnen und Verkäufer an Rückenbeschwerden. Ursache hierfür ist das falsche Heben und Tragen von schweren Waren. Formulieren Sie eine Bewegungsanweisung, wie z. B. schwere Getränkekisten rückenschonend gehoben und getragen werden können.

Aufgabe 3
Wie entspannen Sie sich nach einem harten Arbeitsalltag? Diskutieren Sie in der Klasse über geeignete Entspannungsmöglichkeiten!

Aufgabe 4
Der neue Auszubildende der Beska GmbH äußert sich in der Pause: „Mir ist das Betriebsklima total egal. Schließlich arbeite ich hier nur, meine Freunde treffe ich abends nach der Arbeit. Die sind mir wichtig. Meine Kollegen interessieren mich nicht weiter!“ Wie beurteilen Sie die Aussage des neuen Auszubildenden?

Aufgabe 5
Carola und Anja sind Auszubildende zur Einzelhandelskauffrau im ersten Ausbildungsjahr. Sie gehen zusammen in dieselbe Berufsschulklasse. Anja berichtet Carola von ihrem betrieblichen Alltag: „Ich fühle mich überhaupt nicht wohl in meinem Ausbildungsbetrieb. Nachts schlafe ich schlecht und häufig habe ich morgens Bauchschmerzen, wenn ich ins Unternehmen gehe. Besonders Frau Lippert, eine Kollegin von mir, hat es auf mich abgesehen. Morgens, wenn ich in die Abteilung komme und freundlich grüße, bekomme ich keine Antwort von ihr. Sie schaut dann demonstrativ weg …“

a) Anja fühlt sich in ihrem Ausbildungsbetrieb gemobbt. Was verstehen Sie unter Mobbing?
b) Schreiben Sie die Geschichte von Anja fort, indem Sie typisches Mobbingverhalten von Kollegen in die Geschichte einbauen.
c) Was kann Anja gegen das Verhalten ihrer Kollegin unternehmen? Geben Sie Anja drei Tipps!

Aufgabe 6
Stellen Sie ein gesundes Frühstück einem ungesunden Frühstück gegenüber: Zählen Sie auf, was Ihrer Meinung nach zu einem gesunden und was zu einem ungesunden Frühstück gehört.

Aufgabe 7
Zum Thema Sport gibt es einen bekannten Spruch: „Sportler leben zwar nicht länger, dafür sterben sie aber gesünder!“

a) Was sagt dieser Spruch aus und können Sie sich der Aussage mit Ihrer persönlichen Meinung anschließen?
b) Was sind Ihre persönlichen Motive zum Sporttreiben?

Aufgabe 8
In einigen Ländern wird eine gesonderte Steuer auf „ungesunde Lebensmittel“ erhoben. Auch in Deutschland hört man vereinzelt Stimmen, die dafür einen erhöhten Umsatzsteuersatz fordern, was aber derzeit von den meisten Politikern abgelehnt wird.

a) Bilden Sie in der Klasse zwei Gruppen: Befürworter und Gegner der geplanten Steuer auf „ungesunde Lebensmittel“.
b) Bereiten Sie sich alle auf eine Diskussion vor. Sammeln Sie Pro- und Kontra-Argumente.
c) Führen Sie die Diskussion im Rollenspiel durch.

Aufgabe 9
Die ersten Monate nach Beginn der Ausbildung sind nun vorüber. Reflektieren Sie diese Zeit und notieren Sie sich zehn Situationen, in denen Sie sich gestresst gefühlt haben. Setzen Sie sich anschließend mit Ihrem Nachbarn zusammen. Jeder von Ihnen stellt dem anderen seine Stresssituationen vor und beschreibt diese. Anschließend überlegen Sie gemeinsam mit Ihrem Nachbarn, wie Sie in diesen Situationen Stress abbauen können oder gar keinen Stress zulassen müssen.

Aufgabe 10
Beschreiben Sie das Bild der Dame am Schreibtisch. Welche „Sitzfehler“ macht sie und welche Ursachen kann dies haben?

Lernsituation 14 Nachhaltigkeit

Kapitel 13

Situation

Der Geschäftsführer der Beska GmbH – Klaus List – begrüßt die neuen Auszubildenden seines Kaufhauses. Unter anderem sagt er Folgendes:

„Ich freue mich, Sie als neue Mitarbeiter begrüßen zu können. Sie beginnen hier in unserem Hause Ihr Berufsleben. Für uns alle ist wichtig, dass wir gemeinsam erfolgreich sind. Das können wir aber nur dann sein, wenn wir nicht nur den Gewinn beachten, sondern auch die Folgen unseres Tuns für unsere Umwelt im Auge behalten.

Darum fordere ich gerade Sie als neue Mitarbeiter auf, zu überprüfen, ob wir in unseren Betrieben schon genügend für die Ökologie und die Nachhaltigkeit tun. Stellen Sie uns auf den Prüfstand! In welchen Unternehmensbereichen tun wir schon etwas für eine gesicherte Zukunft? In welchen Bereichen müssen wir mehr tun?“

Aufträge

1. Erstellen Sie eine Kartenabfrage zum Thema Ökologie.
2. Erstellen Sie eine Kartenabfrage zum Thema Nachhaltigkeit.
3. Erstellen Sie eine Übersicht der einzelnen Unternehmensbereiche und erarbeiten Sie Ideen für eine ökologische und nachhaltige Entwicklung in diesen Bereichen.
4. Untersuchen Sie Ihren eigenen Ausbildungsbetrieb dementsprechend und berichten Sie Ihrer Klasse darüber.

Nachhaltigkeit und Umweltschutz

bedürfen der **Nachhaltigkeit**, um kommenden Generationen Lebensqualität zu sichern.

Umweltschutz bedeutet

Aufgabe 1
Immer mehr Unternehmen erstellen Ökobilanzen, in denen sie Umweltbe- und -entlastung durch ihre unternehmerische Tätigkeit auflisten. Besorgen Sie sich eine Ökobilanz und beurteilen Sie deren Aussagekraft!

Aufgabe 2
Erstellen Sie eine Checkliste für Ihre Ausbildungsabteilung, um zu überprüfen, ob

a) mit Energie,
b) mit Verpackungsmaterialien

verantwortungsbewusst umgegangen wird.

Aufgabe 3
Nach dem Motto „Der Umweltschutz beginnt beim Einkauf" trifft die Beska GmbH verschiedene Sortimentsentscheidungen, die gemäß dem Grundsatz der Nachhaltigkeit dazu beitragen sollen, negative Auswirkungen des Konsumverhaltens auf Umwelt und Gesellschaft zu verringern oder zu vermeiden. Beurteilen Sie folgende Maßnahmen der Sortimentsgestaltung im Hinblick auf
- den Nutzen für den Verbraucher sowie
- den Nutzen für die Umwelt und Gesellschaft.

a) frisches Obst und Gemüse aus der Region
b) Sparleuchten mit geringem Stromverbrauch
c) Textilien aus recycelbarem Material
d) Multifunktionstaschen mit langer Haltbarkeit
e) ökologisch erzeugte Lebensmittel

Aufgabe 4
Die Beska GmbH hebt die Umweltvorzüge ökologisch erzeugter Lebensmittel in der Werbung besonders hervor. Trotzdem werden diese Artikel von den Verbrauchern nur zögernd akzeptiert. Wie erklären Sie sich dieses Verbraucherverhalten?

Aufgabe 5
In einer Aktionswoche „Umwelt" präsentiert die Beska GmbH auf einer Sonderfläche folgende Artikel aus „Fairem Handel" an, so genannte TransFair-Produkte: Kaffee, Tee, Kakao, Schokolade, Fruchtsäfte, Wein, Speiseöle und Artikel aus dem Non-Food-Sortiment wie Korbwaren, Spielzeug, Schmuck und Bekleidung.

a) Informieren Sie sich über den Handel mit TransFair-Produkten.
b) Inwiefern leisten TransFair-Produkte einen Beitrag zu Nachhaltigkeit und Umweltschutz?

Aufgabe 6
Jedes Unternehmen hat das Ziel, effizient zu arbeiten und einen hohen Umsatz zu erzielen. Allerdings sollte in einer globalisierten Welt die Verantwortung gegenüber Mensch und Umwelt immer mehr wachsen. Deshalb haben es sich einige renommierte Unternehmen zur Aufgabe gemacht, nach dem Grundsatz der Nachhaltigkeit zu agieren.

Recherchieren Sie mit Hilfe des Internets, welche Maßnahmen diese Unternehmen zur Verringerung der Umweltbelastung erfolgreich umgesetzt haben. Halten Sie Ihre Ergebnisse schriftlich fest.

Aufgabe 7
Die Beska GmbH möchte, dass sich ihre Kunden beim Einkauf umweltfreundlich verhalten. Welche der unten aufgeführten Maßnahmen sind dazu geeignet, dies bei den Kunden anzuregen?

a) In der Lebensmittelabteilung werden keine Joghurts mehr in Pfandgläsern angeboten.
b) In der Spielwarenabteilung werden Geschenke sehr pompös in Folie verpackt.
c) Bei der Beska GmbH werden keine Plastiktragetaschen, sondern nur noch Baumwolltragetaschen angeboten.
d) Die Haushaltswarenabteilung bietet kein Einweggeschirr mehr an.

Aufgabe 8
In seiner letzten Werbeanzeige hat das Einzelhandelsgeschäft Tera auf sein Umweltbewusstsein hingewiesen. Welche der unten aufgeführten Maßnahmen zur Warenverpackung ist hier richtig?

a) Umweltabgabe in Höhe von 1,00 € bei Kauf einer Tragetasche.
b) Die Verkäufer bitten die Kunden höflich, keine Tragetasche zu kaufen.
c) Im Verkaufsraum läuft ein Hinweisvideofilm über Umweltverschmutzung. Gleichzeitig wird im Film zum Verzicht auf Verpackungen beim Einkauf appelliert.
d) Jedem Kunden stehen an der Kasse kostenlos Tragetaschen zur Verfügung. Lediglich ein Schild weist auf einen angemessen Umgang hin.

Ein Verkaufsseminar bei der Beska GmbH

Hausmitteilung

Datum: ______________

Beska
BERLINER SUPERKAUF GMBH

Absender	Empfänger	Weiterverwendung
☒ Geschäftsleitung	☐ Geschäftsleitung	☐ zur Kenntnisnahme
☐ Verwaltung/Verkauf	☐ Verwaltung/Verkauf	☒ zur Erledigung
☐ Warengruppe ______	☒ Warengruppe 01–09	☐ zur Stellungnahme
☐ Frau/Herr ______	☐ Frau/Herr ______	

Wie ich Ihnen vor kurzem bereits mitgeteilt habe, werden wir in den nächsten Wochen für einen Großteil unserer Mitarbeiter ein Verkaufsseminar durchführen. Nach langer Suche bin ich auf eine Unternehmensberatung gestoßen, die sich auf die Schulung von Personal im Verkaufsbereich spezialisiert hat. Diese Unternehmensberatung konnte mich von ihrem Konzept voll und ganz überzeugen.
Das Schulungsprogramm für das Verkaufsseminar hängt nun am schwarzen Brett aus. Bitte informieren Sie die entsprechenden Mitarbeiter aus Ihrer Abteilung.

K. List

Schulungsprogramm für das Verkaufsseminar

UB Unternehmensberatung

1. Kommunikation – die Grundlage für erfolgreiches Verkaufen
1. Verbale Kommunikation
2. Nonverbale Kommunikation
3. Das Rollenspiel – Übung macht den Meister!

2. Das Verkaufsgespräch – der Schlüssel zum Erfolg im Einzelhandel
1. Begrüßung: 15 Sekunden entscheiden
2. Bedarfsermittlung: einen „Eisberg“ entdecken
3. Warenvorlage: das Produkt „begreifen“
4. Argumentation: mit guten Gründen überzeugen
5. Kundeneinwände: wichtige Wegweiser erkennen
6. Preisnennung: den Wert ins richtige Licht rücken
7. Kaufentscheidung herbeiführen: Kaufen oder nicht kaufen? – Das ist hier die Frage!
8. Kaufentscheidung bekräftigen – gute Gefühle wecken!
9. Ergänzungsangebote: Da war doch noch was?
10. Serviceleistungen: Was WIR können, können nicht alle!
11. Alternativangebote: Ware weg, Kunde weg?
12. Die Verabschiedung: Nun noch einen guten Schluss!

3. Der erfolgreich geschulte Verkäufer im Beratungsgespräch – ein Rollenspiel

Kapitel 1.1

Lernsituation 15 Verbale Kommunikation

Situation

Verkaufsseminar 1.1

Sommerbeginn

Endlich war es so weit. Ich entschloss mich, einen neuen Bikini zu kaufen. Zielstrebig und voller Tatendrang betrat ich ein Fachgeschäft und teilte dem Verkäufer meinen Wunsch mit:
„Endlich, Sonne, Strand und … ich möchte einen neuen, tollen Bikini!"
„Wir führen ausschließlich neue und tolle Modelle", entgegnete er mir ein wenig arrogant und fügte hinzu:
„Schauen Sie sich einmal um und orientieren Sie sich."
Schon sehr wütend entgegnete ich ihm:
„Wenn ich nicht gewusst hätte, dass Sie super Ware führen, hätte ich Ihren Laden erst gar nicht betreten."
Plötzlich wollte der Verkäufer einlenken:
„Tankini oder Bikini? Ich führe Sie auch gerne erst mal zu unseren Sonderposten."
Ein wenig irritiert folgte ich ihm.
Zu meiner Bemerkung, diese Ware sei ja besonders billig, bekam ich nur einen sehr kritischen Blick des Verkäufers zurück.
„Die Ware ist einfach nur preiswert", entgegnete er mir, diesmal schon sehr ungehalten.
„Wir haben eine große Auswahl von Tankinis und Bikinis", ergänzte er zähneknirschend.
Jetzt hatte ich keine Lust mehr auf diese Art der Kommunikation. Ich schaute kurz über die Ware und verließ den Laden mit der Bemerkung:
„Ich schaue dann später noch mal rein."
„Aber klar doch. Sie dürfen immer hereinschauen", antwortete mir der Verkäufer lächelnd.

Auftrag

1. Lesen Sie das Verkaufsgespräch in Ruhe durch. Beantworten Sie im Anschluss daran folgende Fragen:
a) Notieren Sie die Kommunikationsprobleme zwischen Kundin und Verkäufer.
b) Greifen Sie auf das „Vier-Ohren-Modell" zurück und nennen Sie die Ursachen für das Scheitern des Verkaufsgesprächs.
c) Formulieren Sie einen Verbesserungsvorschlag.

Situation

Backpulver

Frau: Ich fürchte, aus diesem Kuchen wird nichts; der Teig geht nicht auf.
Mann: Vielleicht nicht genug Backpulver – was steht im Rezept?
Frau: Das schaut dir wieder einmal ähnlich.
Mann: Was schaut mir ähnlich?
Frau: Das mit dem Backpulver.
Mann: Was mit dem Backpulver?
Frau: Du weißt genau, was ich meine. Immer tust du das, und du weißt, dass es mir auf die Nerven geht.
Mann: Himmelkruzitürken – wovon redest du überhaupt? Du sagst, dass der Kuchen nicht aufgeht; ich sage, das einzige, was daran schuld sein könnte, wäre zu wenig Backpulver; und plötzlich hat das nichts mehr mit Backpulver zu tun, sondern ist ein Defekt meines Charakters oder was weiß ich ...
Frau: Natürlich – Backpulver ist dir wichtiger als ich. Dass es das Backpulver sein könnte, kann ich mir selbst denken; dir aber ist es gleichgültig, dass ich dir mit dem Kuchen eine Freude machen will.
Mann: Das bestreite ich auch gar nicht, und es freut mich. Ich redete ja auch nur vom Backpulver, nicht von dir.
Frau: Wie ihr Männer das nur so fertig bringt, alles so schön sachlich auseinanderzuhalten, dass es einer Frau dabei zu frösteln beginnt!
Mann: Nein, das Problem ist, wie ihr Frauen es fertig bringt, Backpulver zum Gradmesser der Liebe zu machen!

Quelle: P. Watzlawick, Vom Schlechten des Guten, S. 84 f.

Auftrag

2. Lesen Sie den Dialog in verteilten Rollen laut vor und diskutieren Sie im Anschluss daran die folgende Frage: Warum klappt die Kommunikation in dieser Situation zwischen Mann und Frau nicht?
Greifen Sie auf das „Vier-Ohren-Modell" zurück und nennen Sie Ursachen für die gescheiterte Kommunikation.

Arbeitsblatt 15.1 Verbale Kommunikation

Kommunikationsmodell nach F. Schulz von Thun

Sachebene

Appellebene ← **Äußerungen** → Selbst Kund gabe

Beziehunsebene

Sprache des Verkäufers

	Erläuterungen	Beispiele
Gesprächsstörer	~~Der Sprecher spricht undeutlich oder leise Der Sprecher benutzt Killerphrasen~~	Der Sprecher spricht undeutlich oder leise Dersprecher benutzt Killerphrasen
Gesprächsförderer	~~Sprechen sie nicht monoton und abgehackt.~~	Sprechen sie nicht monoton und abgehackt

Aktives Zuhören

Checkliste: Aktives Zuhören

A Körpersprache

B Blick kontakt

C Rück meldung

D Interesse

Aufgaben

Aufgabe 1
Sie haben vier Reaktionen Hägars zur Auswahl. Suchen Sie die Reaktion aus, die Sie für angemessen halten.

© 1999 King Features Syndicate Inc./Distr. Bulls

Helga zu Hägar: „Ich habe schreckliche Bauchschmerzen."
Hägars Antwort:
1. „Ich werde den Rest der Arbeit erledigen. Ruhe du dich aus!"
2. „Warum gehst du nicht zum Arzt?"
3. „Was geht mich das an?"
4. „Es tut mir in der Seele weh, wenn du leidest!"

Aufgabe 2
Ordnen Sie die oberen vier Aussagen von Hägar dem „Vier-Ohren-Modell" nach Schulz von Thun zu.

Selbstkundgabe: ______________________

Beziehung: ______________________

Sachebene: ______________________

Appell: ______________________

Aufgabe 3
Entscheiden Sie, ob es sich in den nachfolgenden Fällen um Gesprächsförderer oder Gesprächsstörer handelt.

a) „Dass Sie sich für diese Ware entschieden haben, kann ich nur bekräftigen."
b) „Sagen Sie mal, wer ist denn hier nun der Kompetentere. Sie oder ich?"
c) „Nun entscheiden Sie sich doch für das Produkt. Es ist wirklich toll und auch noch preiswert."
d) „Dieses Produkt ist einfach in der Handhabung und sicher im Umgang."

Aufgabe 4
Folgende Übung zum „Aktiven Zuhören" wird in Partnerarbeit durchgeführt.

a) Wechseln Sie nach einem Durchgang die Rollen.
b) Nach jedem Durchgang erfolgt eine Auswertung. Besprechen Sie Ihre Rollen als Sprecher und als aktiver Zuhörer.

Rollenkarte „Sprecher"

Sie haben die Aufgabe, in vier Minuten zu Ihrem Partner über ein von Ihnen ausgesuchtes Thema zu sprechen.

Mögliche Themen:
- Wochenendunternehmungen
- Hobbys
- Sportvereine (Fußball, Basketball)

(Natürlich sind auch andere Themen möglich!)

Rollenkarte „Aktiver Zuhörer"

Sie haben die Aufgabe, Ihrem Partner aktiv zuzuhören!

Beachten Sie folgende Punkte:
- Sie zeigen Interesse, indem Sie bei Ihrem Partner nachfragen.
- Sie haben ständigen Blickkontakt.
- Sie fassen am Ende die wichtigsten Punkte zusammen und teilen diese Ihrem Partner mit.

Lernsituation 16 Nonverbale Kommunikation

Kapitel 1.2

Situation

Verkaufsseminar 1.2

Mein Freund Noveko* ist so groß wie ein Basketballspieler, aber ziemlich dünn.
Er ist ein Fan von Lenkdrachen, die er auch selbst baut.

Zunächst hat er ganz kleine Drachen gebaut, mittlerweile werden sie immer größer.

Sonntags gehen wir manchmal in den Stadtpark, mit den Lenkdrachen unter dem Arm, und lassen sie steigen.

Die mittelgroßen Drachen steigen steil auf, kreisen sehr schnell in der Luft und stürzen meistens genauso schnell herunter.

Die großen Modelle sind die elegantesten, sie steigen schräg und gemächlich auf, lassen sich aber nur mit sehr viel Kraft lenken.

* **No**(n)**ve**(rbale) **Ko**(mmunikation)

Auftrag

Partnerarbeit: Erzählen Sie Ihrem Nachbarn die oben stehende Geschichte und benutzen Sie dazu eine sinnvolle Gestik.

a) Unterstreichen Sie alle Teile der Geschichte, die man mit Gestik unterstützen kann.
b) Diskutieren Sie kurz mit Ihrem Partner darüber.
c) Stellen Sie daraufhin Ihre gemeinsame Version der Klasse vor.
d) Paul Watzlawick sagt: „Wir können nicht nicht kommunizieren. Kommunikation findet immer statt, wo Menschen als soziale Wesen zusammen sind."
Nehmen Sie zu dieser Aussage Stellung. Begründen Sie Ihre Aussage auch mit der nonverbalen Kommunikation Ihrer Lerngruppe mit Ihnen, während Sie Ihre Stellungnahme abgeben.
e) Untersuchen Sie, welche Kommunikationsform unter Menschen die ehrlichere und wahrere ist: die verbale Kommunikation oder die nonverbale Kommunikation.
f) Stellen Sie die Aussage von Paul Watzlawick aus d) grafisch dar.

Ihre Grafik:

Arbeitsblatt 16.1 Nonverbale Kommunikation

Nonverbale Kommunikation

Der erste Eindruck

Phase 1: Erste sekunde

Phase 2: erste 30 sekunden

Phase 3: erste 3 min

Gestik

Tipps zum Verkäuferverhalten:

~~Alle Gesten, die sich unterhalb der Taille abspielen~~
Gesten oberhalb der Taille bis zu den Schultern werden als neutral bis positiv bewertet

Mimik

Tipps zum Verkäuferverhalten:

Lächeln hat eine positive wirkung auf unsere umgebung

1. Zone: Vertraulich Distanz

2. Zone: Persönliche Distanz

3. Zone: Öffentliche Distanz

Blick

Tipps zum Verkäuferverhalten:

Der Blick ist der wichtigst Kontakt ohne körperlichen Kontakt.

Arbeitsblatt 16.2 Kommunikationsbausteine

Bausteine der Kommunikation

nicht sprachliche (nonverbale) Bausteine

Blickkontakt	Mimik	Gestik	Distanz

sprachliche (verbale) Bausteine

Lautstärke	Pausen	Betonung	Satzbau	Wortwahl
Es sollte angemessen Laut und deutlich gesprochen werden.	Während des Gespräch sollte man Pausen einlegen damit der gegen über folgen kann oder auch die möglichkeit hat was zu sagen	~~[illegible]~~ Man sollte die Wichtigskeitpunkte Richtig betonen und ihr gespräch sollte interesse beim Kunden wirken		

Aufgabe 1
Stellen Sie folgende Aussagen vor der Klasse ohne Worte dar. Verraten Sie aber Ihren Mitschülern nicht, welche Aussage Sie darstellen, denn das müssen sie natürlich erraten:

a) Das freut mich!
b) So geht das aber nicht!
c) Das bezweifle ich!
d) Ich bin völlig erschöpft.
e) Ich stehe unter Zeitdruck.
f) Gut gemacht!
g) Er/Sie ist völlig ausgeflippt!
h) Ich bin fassungslos!
i) Das weiß ich nicht.
j) (eigene Ideen)

Aufgabe 2
Erklären Sie kurz mit eigenen Worten, wie der Ablauf des ersten Eindrucks vonstatten geht.

Aufgabe 3
Wie sollten Sie sich während des Verkaufsgesprächs hinsichtlich der unterschiedlichen Distanzzonen verhalten?

Aufgabe 4
Wie würden Sie folgende Signale der Körpersprache deuten?

a) Hände in den Hosentaschen
b) verschränkte Arme
c) Sitzen auf der vorderen Stuhlkante
d) mit den Fingern trommeln
e) Augenbrauen anheben
f) schlaffer Händedruck

Aufgabe 5
Nur ein geringer Prozentsatz aller Menschen sind so gute Lügner, dass sie nicht verräterische Körpersignale aussenden.

An welcher Mimik und Gestik erkennen Sie
a) einen verdächtigen Kunden im Verkaufsraum, der einen Diebstahl begehen will,
b) einen kaufbereiten Kunden, der das ausgestellte Modell einer Bohrmaschine testet,
c) eine kritische Kundin, der die Duftrichtung des Parfums nicht zusagt,
d) einen angriffslustigen Kunden, der ein Streitgespräch über den Preis sucht,
e) eine unsichere Kundin, die eine ausführliche Beratung wünscht?

Aufgabe 6
Experimentieren Sie mit Ihrer Betonung und auch mit Ihrer Lautstärke. Versuchen Sie, folgende Sätze möglichst häufig in unterschiedlicher Betonung und Lautstärke vorzulesen.

a) Als mein Wecker heute Morgen klingelte, merkte ich, dass ich noch furchtbar müde war!
b) Ein Tag ohne Lächeln ist ein verlorener Tag.
c) We can do it!
d) Haben Sie noch einen Moment Zeit?
e) Sie müssen schon noch warten, noch sind Sie nicht dran!
f) Sie sind noch nicht an der Reihe!
g) Wünschen Sie Bedienung?
h) An welche Preislage haben Sie denn da gedacht?
i) Das wird schwierig werden, diese Ware zu besorgen!
j) Darf ich Ihnen irgendetwas zeigen?
k) Wir führen aber nur diesen Artikel.
l) Ich kann Ihnen leider nur diesen Artikel anbieten.

Aufgabe 7
Sie sind heute in der Beska GmbH am Info-Center eingeteilt. In den schriftlichen Anweisungen zum Telefonieren heißt es: „Nehmen Sie Telefongespräche entgegen mit einem Lächeln in der Stimme!“ Erklären Sie, was das bedeutet.

Aufgabe 8

Führen Sie mit wechselnden Teilnehmern folgende Rollenspiele durch.
Die am Rollenspiel nicht Beteiligten beobachten die jeweilige Situation systematisch mit Hilfe des Beobachtungsbogens auf der folgenden Seite.

1. Situation

Sie möchten beim Einwohnermeldeamt Ihren neuen Personalausweis abholen. Nach einer Stunde Wartezeit ruft die Verwaltungsangestellte Sie herein. Die Gebühr für den Ausweis ist ohne Ihr Wissen teurer geworden, daher haben Sie nicht genug Geld dabei.

Rolle I: verzagter Azubi (m/w)
Rolle II: Verwaltungsangestellte(r)

Ziel: Versuchen Sie, eine praktikable Lösung der Situation zu finden.

2. Situation

Vor Ihrer Stammdiskothek steht ein neuer Sicherheitsbeauftragter, der Sie nicht kennt. Er hat die Anweisung, niemanden hereinzulassen, der behauptet, Stammgast zu sein.

Rolle I: überraschter Stammgast (m/w)
Rolle II: Sicherheitsbeauftragte(r)

Ziel: Versuchen Sie, eine praktikable Lösung der Situation zu finden.

3. Situation

Als Ihnen im italienischen Eissalon Ihr Eisbecher „Magnum“ serviert wird, stolpert der Servierer und das Eis landet auf Ihrer Hose.

Rolle I: bestürzter Gast (m/w)
Rolle II: Servierer(in) im Eissalon

Ziel: Versuchen Sie, eine praktikable Lösung der Situation zu finden.

4. Situation

Im Parkhaus warten Sie schon einige Minuten auf einen Parkplatz, der Ihnen dann, obwohl Sie den Blinker gesetzt haben, von einer selbstbewussten Sportwagenfahrerin weggeschnappt wird.

Rolle I: ehrlicher „Einparker“ (m/w)
Rolle II: Sportwagenfahrerin

Ziel: Versuchen Sie, eine praktikable Lösung der Situation zu finden.

Rollenspiel (Beobachtungsbogen)

Beobachtungsbogen Teil I: Die verbalen Bausteine der Sprache

	zu leise	angemessen	zu laut	Bemerkung
Lautstärke				

	zu schnell	angemessen	zu langsam	Bemerkung
Tempo				

	übertrieben	angemessen	monoton	Bemerkung
Betonung				

	Sätze zu lang	angemessen	Sätze zu kurz	Bemerkung
Satzbau				

	unklar	angemessen	zu wenig	Bemerkung
Fachbegriffe				

Beobachtungsbogen Teil II: Die nonverbalen Bausteine der Sprache

	zu wenig	angemessen	übertrieben	Bemerkung
Blickkontakt				

	zu wenig	angemessen	zu viel	Bemerkung
Mimik				

	übertrieben	angemessen	zu wenig	Bemerkung
Gestik				

	zu nah	angemessen	zu weit	Bemerkung
Distanz				

Lernsituation 17 Phasen des Verkaufsgesprächs

Kapitel 2

Situation

Verkaufsseminar 2

Eine Verkaufssituation:

Rolf Maier hat beschlossen, für seine beiden Kinder ein Schaukelpferd aus Holz zu bauen. Dazu möchte er bei der Beska GmbH eine Säge kaufen. Er geht direkt auf einen Mitarbeiter zu, der von seiner Arbeit aufblickt, als er Herrn Maier bemerkt.

Das Verkaufsgespräch:

Verkäufer: Guten Tag?
Während er dies sagt, kommt er hinter der Theke hervor und schaut den Kunden fragend an.
Herr Maier: Guten Tag. Ja, ich brauche eine Säge.
Verkäufer: Da sind Sie bei uns richtig, denn Sie finden hier eine große Auswahl. Welche Sägearbeit wollen Sie mit der Säge denn hauptsächlich erledigen?
Herr Maier: Ich baue gerne für meine Kinder etwas aus Holz. Im Augenblick habe ich gerade vor, ein Schaukelpferd zu schreinern.
Verkäufer: Für diesen Zweck ist eine Stichsäge genau richtig. Mit dem Modell XP 320 werden Sie von Anfang an gute Sägeergebnisse haben. Testen Sie mal, wie außergewöhnlich gut die Säge in der Hand liegt.
Er gibt dem Kunden das entsprechende Modell in die Hand.
Herr Maier: Ja, in der Tat, das tut sie. Ist die auch nicht so laut, wenn ich damit im Keller bastele und die Kinder schon schlafen?
Verkäufer: Wenn es für Sie auch auf die Lautstärke ankommt, sollten Sie das Modell XP 340 L nehmen. Das L steht extra für leise. Außerdem können Sie bei diesem Modell noch eine Staubabsaugung anschließen, sodass Ihr Keller nicht so zustaubt.
Herr Maier: Das hört sich ja gut an! Wie viel kostet sie denn?
Verkäufer: Mit dieser Säge erhalten Sie ein Markenmodell, das 79,90 Euro kostet. In diesem Preis sind Lärmschutz und Staubabsaugung schon eingeschlossen.
Dabei gibt er dem Kunden das Modell XP 340 L in die Hand.
Herr Maier: Ich weiß nicht recht, ob es das Richtige ist, weil ich ja auch noch mehr bauen will.
Verkäufer: Gerade die Schnellwechselmöglichkeit der Sägeblätter macht Ihnen das schnelle Umrüsten der Maschine für unterschiedliche Verwendungszwecke sehr leicht.
Herr Maier: Na gut, ich nehme sie.
Verkäufer: Da Sie ja ein Schaukelpferd bauen wollen, eignen sich diese Sägeblätter für mittelfeinen und feinen Schnitt besonders gut. Sie haben dann immer einen Vorrat gleich zu Hause.
Er zeigt dem Kunden die Sägeblätter im Regal.
Herr Maier: Das ist eine gute Idee. Dann nehme ich die auch gleich noch mit!
Verkäufer: Bezahlen Sie dann bitte an der Kasse. Ich bringe Ihre Stichsäge mit den Sägeblättern sofort rüber. Sie haben eine gute Wahl getroffen. Diese Maschine wird lange einsatzbereit bleiben. Auf Wiedersehen!

Aufträge

1. Markieren Sie mit Farbstiften die unterschiedlichen Phasen, die ein Verkaufsgespräch durchlaufen kann.
2. Beschreiben Sie mit einem Satz das Ziel der jeweiligen Phase aus Sicht des Verkäufers.

2 Lernfeld

Kapitel 2.1

Lernsituation 18

Begrüßung: 15 Sekunden entscheiden

Situation

Verkaufsseminar 2.1

Verkaufssituation im Modehaus Bell:

Am Morgen des 15. Oktober betritt die Kundin Küpra Kenarci das Modehaus Bell, um sich eine Jacke zu kaufen. Gut gelaunt und entspannt schlendert sie im Laden umher, schaut hier, schaut da. Doch plötzlich erstarrt sie! Direkt hinter ihr ertönt eine laute Männerstimme: „Kann ich Ihnen irgendwie helfen?" Frau Kenarci dreht sich erschrocken um, hält kurz inne und erblickt einen lächelnden, jungen Verkäufer, der sich bei diesem „Angriff" wohl nichts Böses gedacht hat.

Aufträge

1. Notieren Sie stichwortartig die Fehler des Verkäufers.
2. Formulieren Sie einen Verbesserungsvorschlag in wörtlicher Rede.
3. Stellen Sie Ihren Verbesserungsvorschlag im Rollenspiel vor.
4. Ergänzen Sie folgende Übersicht:

kontaktförderndes Verhalten gegenüber Kunden	kontaktstörendes Verhalten gegenüber Kunden

Arbeitsblatt 18.1

Kontaktaufnahme in den verschiedenen Verkaufssystemen

	Merkmale	Beispiel
Bedienungssystem 		
Vorwahlsystem 		
Selbstbedienungssystem 		

Aufgabe 1
Der Kunde gibt durch bestimmte Signale zu erkennen, dass er angesprochen werden möchte.
Nennen Sie diese Signale.

Aufgabe 2
Formulieren Sie in wörtlicher Rede die Ansprache des Kunden in den aufgeführten Situationen!

a) Der Kunde schaut sich Hilfe suchend um.
b) Die Stammkundin Beate Simons beschäftigt sich seit ein paar Minuten sehr intensiv mit einer Bluse.
c) Eine Kundin kommt zielstrebig auf einen Verkäufer zu.
d) Eine sichtlich gestresste Mutter mit zwei kleinen Kindern an der Hand betritt das Geschäft und sucht verzweifelt nach einem Verkäufer.

Aufgabe 3
Notieren Sie in den nachfolgenden Verkaufssituationen die Folgen aus der Verhaltensweise des Verkäufers bezüglich der Kontaktaufnahme mit dem Kunden. Formulieren Sie anschließend eine bessere Kontaktaufnahme.

a) Der Kunde Martin Lange betritt den Fahrradladen Enkler e. K. und geht gezielt auf den Verkäufer Wolfgang Breuer zu, der gerade mit dem Einräumen von Waren beschäftigt ist.
Kunde: Guten Tag, ich suche einen Sattel für mein Rennrad.
Verkäufer: Wie man erkennen kann, bin ich zur Zeit beschäftigt. Kommen Sie in einer halben Stunde noch mal wieder!

b) Die Freundinnen Gina Bojahr und Linda Schulz beschäftigen sich im Vorwahlbereich eines Textileinzelhandels intensiv mit Strumpfhosen. Ein Verkäufer wendet sich den Kundinnen zu und fragt: „Kann ich Ihnen helfen?“ Daraufhin antwortet Gina Bojahr: „Nein, danke, wir kommen schon zurecht!“

c) David Rogers, ein Austauschschüler aus England (spricht noch recht wenig Deutsch), möchte in einem Supermarkt Kaffee kaufen. Mutig spricht er einen Verkäufer an.
David: Sorry, Kaffee, wo??
Verkäufer: Hallo! Kein Problem, gehen Sie zunächst geradeaus, dann in den rechten Gang, wieder geradeaus und in den linken Gang und schon stehen Sie vor dem Regal mit dem Kaffee!

Aufgabe 4
Auf welche Weise kann der Verkäufer im Bedienungs- bzw. im Vorwahlsystem Kontakt zu seinen Kunden aufnehmen?

Aufgabe 5
Die Verkäuferin Martina Kiemen würde gerne eine Kundin, die wiederholt von ihr beraten und bedient worden ist, mit Namen ansprechen. Auf welche Weise kann sie den Namen dieser Kundin erfragen? Formulieren Sie einen Vorschlag.

Aufgabe 6
Sie erkennen, dass sich ein Kunde in Ihrem Geschäft „nur“ umschauen möchte. Wie verhalten Sie sich als Verkäufer?

Aufgabe 7
Formulieren Sie fünf Beispiele, wie Sie Ihren Kunden über die Ware ansprechen können.

Aufgabe 8
a) Worin unterscheidet sich die Ansprache eines Kunden im Vorwahlsystem von der Ansprache im Bedienungssystem?
b) Formulieren Sie jeweils ein Beispiel zur Ansprache im Vorwahl- und im Bedienungssystem in wörtlicher Rede.

Aufgabe 9
Nennen Sie zwei Situationen, in denen Sie auch in einem Selbstbedienungssystem Kunden ansprechen können.

Aufgabe 10
Worin besteht der Vorteil, wenn Sie Kunden über die Ware ansprechen? Nennen Sie mindestens zwei Vorteile.

Aufgabe 11
In der Lebensmittelabteilung der Beska GmbH sollen die Kassiererinnen die Kunden freundlich ansprechen. Welche der folgenden Formulierungen entspricht nicht dieser Aufforderung?

a) Guten Tag, legen Sie bitte Ihre gesamte Ware auf das Band, danke!
b) Hallo Herr Mertins, schön Sie mal wieder bei uns begrüßen zu dürfen!
c) Oh, Sie haben vergessen, die Trauben abzuwiegen. Wiegen Sie sie doch bitte noch nach. Ich darf die Kassenzone nicht verlassen.
d) Auf Wiedersehen Herr Mertins, ich hoffe Sie kommen bald mal wieder!
e) Zeigen Sie mir doch mal Ihre Tasche, da möchte ich doch mal reinschauen!

Aufgabe 12
Der erste Eindruck entscheidet über eine vertrauensvolle Beziehung zwischen Kunde und Verkäufer. Erstellen Sie eine Checkliste, worauf Sie in der Phase der Gesprächseröffnung achten sollen.

Lernsituation 19

Kapitel 2.2

Bedarfsermittlung: einen „Eisberg" entdecken

Verkaufsseminar 2.2

Situation

Eine Verkaufssituation:

In der Schuhabteilung des Kaufhauses Dock GmbH geht ein Verkäufer lächelnd auf eine Kundin zu und begrüßt sie freundlich.

Auszug aus dem Verkaufsgespräch:

Verkäufer: Guten Tag, wie kann ich Ihnen helfen?
Kundin: Guten Tag, ich suche für mich Schuhe!
Verkäufer: Ja, gern! Haben Sie an etwas Bestimmtes gedacht?
Kundin: Eigentlich nicht! Ich wollte mich gerne mal umsehen und schauen, was Sie so haben!
Verkäufer: Möchten Sie einen eleganten Schuh?
Kundin: Das weiß ich noch nicht!
Verkäufer: Wie wäre es mit einem sportlichen Schuh?
Kundin: Ich weiß nicht!
Verkäufer: Soll er denn eine bestimmte Farbe haben?
Kundin: Ich müsste mir den Schuh mal ansehen!
Verkäufer: Möchten Sie gerne einen Schuh mit Ledersohle?
Kundin: Das kommt darauf an …

Aufträge

1. Notieren Sie stichwortartig die Fehler des Verkäufers.
2. Formulieren Sie einen Verbesserungsvorschlag in wörtlicher Rede.
3. Stellen Sie Ihren Verbesserungsvorschlag im Rollenspiel vor.

Methoden der Bedarfsermittlung

Bedarfsermittlung	Erläuterungen	Beispiel
direkte Bedarfsermittlung	Geschickt und gezielt fragen stellen um den Bedürfniss genauen ziel zu ermitteln	
indirekte Bedarfsermittlung	Den Kunden wird gekgt. Es folgt eine schnelle Kondrotation Der Kunden spricht Wünschen	

Arbeitsblatt 19.1 Bedarfsermittlung

Frageformen	Beispiel	Anwendungsmöglichkeiten
offene Frage		
	„Wollen Sie, dass ich Ihnen das Gerät noch einmal vorführe?“	
		Bedarfsermittlung, Warenvorlage, Argumentation, Alternativangebot
Alternativ fragen	„Möchten Sie ein Shirt mit kurzem oder langem Arm?“	
rhetorische Fragen		

Kaufmotive	
objektive	subjektive
Geldersparnis	Geschmack
Praktische Handhabung	Wohlbefinden
Nachhaltigkeit	ergebnis
Gesundheit	Schönheit

Aufgabe 1
Notieren Sie die Vorteile der indirekten Bedarfsermittlung verglichen mit der direkten Bedarfsermittlung.

Aufgabe 2
Leiten Sie aus folgenden Kundenaussagen die Kaufmotive ab:

a) „Hat der Trockner ein Sparprogramm?“
b) „Ist die Hose knitterarm?“
c) „Welche Kaffeesorte haben Sie im Angebot?“
d) „Ist das T-Shirt aus 100 % Baumwolle?“
e) „Ist der Fernseher auch TÜV-geprüft?“

Aufgabe 3
Erläutern Sie in kurzen Sätzen, warum ein Kunde durch das Kaufmotiv zum Kauf einer Ware animiert wird.

Aufgabe 4
Beurteilen Sie im nachfolgenden Verkaufsgespräch die Bedarfsermittlung des Kunden aus der Sicht des Verkäufers. Halten Sie Ihre Ergebnisse schriftlich fest. Formulieren Sie einen Verbesserungsvorschlag.

Kunde: Guten Tag! Ich benötige eine Hose!
Verkäufer: Gerne! Kommen Sie bitte mit. Hier hätten wir Ihre Größe. Soll es eine moderne Hose sein?
Kunde: Ich weiß nicht …?!
Verkäufer: Diese Hose hier ist sehr modern, mit Schlag.
Kunde: Ja, warum nicht. Aber die Farbe!!
Verkäufer: Vielleicht in Braun?
Kunde: Ja, aber …!
Verkäufer: Hier ist sie in Braun.
Kunde: Die ist ja gemustert und außerdem ist mir das Braun zu hell!
Der Verkäufer sucht längere Zeit nach einer anderen Hose.
Verkäufer: Ich habe sie noch in Dunkelbraun gefunden. Schauen Sie mal!
Kunde: Super, die Farbe ist schon besser! Ich probiere sie an.
Der Kunde probiert die Hose und kommt wieder aus der Kabine.
Verkäufer: Sieht wirklich toll aus. Die Hose sitzt wie angegossen!
Kunde: Ja, sie passt gut. Aber der Schlag …!

Aufgabe 5
Bieten Sie eine Ware aus Ihrer Branche als „Testangebot“ in einem kurzen Rollenspiel Ihrem Tischnachbarn an.

Aufgabe 6
Setzen Sie die nachfolgenden Wörter in den Lückentext ein.

- Testangebot
- Rückschlüsse auf den Bedarf
- W-Fragen
- offene Fragen
- Kaufmotiv

Offene Fragen, auch W-Fragen genannt, werden dem Kunden so lange gestellt, bis der konkrete Wunsch feststeht. Stellen Sie dem Kunden Offene Fragen. Dadurch erhalten Sie mehr Informationen über das Kaufmotiv des Kunden. Um aus Kundenreaktionen Rückschlüsse auf den Bedarf zu ziehen, legen Sie dem Kunden ein Testangebot vor.

Aufgabe 7
Beurteilen Sie das Verhalten der Verkäuferin.
Verkäuferin: Guten Tag, ich sehe, Sie haben die richtige Größe gewählt?
Kundin: Ja, Sie haben Recht. Aber die Farbe gefällt mir gar nicht.
Verkäuferin: Wir führen dieses Kleid noch in den Farben Gelb, Rot und Schwarz. In welcher Farbe soll ich Ihnen das Kleid denn zeigen?
Die Kundin zieht die Schultern unschlüssig hoch und zeigt einen ratlosen Gesichtsausdruck.
Verkäuferin: Vielleicht in Schwarz?
Kundin: Bin mir nicht sicher …
Verkäuferin: Ich bin mir ganz sicher, dass Ihnen das Kleid in Schwarz ausgezeichnet steht!
Kundin: Tatsächlich ? Dann zeigen Sie mir bitte das Kleid.
Die Verkäuferin holt das Kleid. Die Kundin betrachtet es und wird blass vor Schreck.
Kundin: Wie, 245,50 Euro? Das kann ja wohl nicht wahr sein!

Kapitel 2.3

Lernsituation 20
Warenvorlage: das Produkt „begreifen“

Situation

Verkaufsseminar 2.3

Eine Verkaufssituation:

In einem Elektro-Warenhaus interessiert sich eine Kundin für eine Fotokamera. Der Verkäufer hat sie freundlich begrüßt und gewissenhaft ihr Kaufmotiv erforscht. Die Kundin braucht nämlich eine Schnappschusskamera für eine Flugreise nach Indien.

Auszug aus dem Verkaufsgespräch:

Verkäufer: Da zeige ich Ihnen mal die grundsätzlichen Möglichkeiten, die es gibt: Zum einen habe ich hier eine APS-Kamera, die ist sehr niedrig im Preis. Mit dieser Digitalkamera können Sie auch sehr gute Bilder machen. Sie können sich aber auch für diese einäugige Spiegelreflexkamera entscheiden.

Dabei nimmt der Verkäufer die jeweilige Kamera aus dem Regal hinter sich, zeigt sie der Kundin kurz und stellt sie dann wieder zurück.

Kundin: Mhmm, das ist ja eine große Auswahl.

Verkäufer: Diese Digitalkamera haben wir ja nicht nur von Kentax, sondern auch von Slony und von Olympas.

Wiederum nimmt er die jeweilige Kamera aus dem Regal und stellt sie dieses Mal auf einer Filzunterlage auf dem Tresen ab.

Kundin: Kann ich denn mal so eine Kamera in die Hand nehmen?

Verkäufer: Jaaa, das geht schon, aber bitte passen Sie auf, dass kein Kratzer drankommt.

Kundin: Na, ich glaube, das muss ich mir noch einmal überlegen. Auf Wiedersehen!

Aufträge

1. Notieren Sie stichwortartig die Fehler des Verkäufers.
2. Formulieren Sie einen Verbesserungsvorschlag in wörtlicher Rede.
3. Stellen Sie Ihren Verbesserungsvorschlag im Rollenspiel vor.

Arbeitsblatt 20.1 Die Grundregeln der Warenvorlage

	Tragen Sie hier die Regel ein.	Geben Sie hier die Begründung an.
Regel 1: Was?	Einwand freier zustand Kaufmotiv dem Kunden ersprechend	Um ein kompetenten Eindruck zu machen
Regel 2: Wann?	So früh wie möghich	
Regel 3: Wie?	1. Sach gerecht vorführen	
	2. In der richtigen umgebung	damit der Kaufwunsch bereit ist.
	3. richtigelicht	~~Mittlere Preislage~~
	4. den gebrauchs nutzen heraus stellen	
Regel 4: Welche Preislage?	Mittlere preislage	Weil man mit der Preislagenniveau
Regel 5: Wie viel?	3–5 Artikel	

Aufgabe 1
Warum kann es ein Verkaufsgespräch erleichtern, wenn der Kunde den Artikel, den er kaufen will, auch ausprobieren kann?

Aufgabe 2
Eine Verkäuferregel sagt: „Gut gezeigt, ist halb verkauft." Was ist damit gemeint?

Aufgabe 3
Bedeutet der Grundsatz „Reden ist Silber – Zeigen ist Gold", dass Sie bei der Warenvorlage nicht reden dürfen?

Aufgabe 4
Beurteilen Sie die Kompetenz eines Verkäufers, der zu einem Kunden sagt: „Einen Augenblick! Wie dieses Gerät bedient wird, weiß ich auch nicht so genau. Ich suche mal schnell jemanden, der sich auskennt."

Aufgabe 5
Warum werden in einem Schmuckgeschäft die Schmuckstücke dem Kunden oft auf blauem Filz gezeigt?

Aufgabe 6
Wählen Sie aus Ihrem Ausbildungssortiment zwei Artikel aus und formulieren Sie in wörtlicher Rede den ersten Satz, mit dem Sie die Warenvorlage beginnen.

Aufgabe 7
Warum kann es falsch sein, die Warenvorlage
a) mit einem hochpreisigen Artikel oder
b) mit einem niedrigpreisigen Artikel zu beginnen?

Aufgabe 8
Machen Sie bei zwei Ihrer Warenbeschreibungen (s. Lernsituation 5, Seite 35) Ergänzungen gemäß folgendem Beispiel:

Artikel	Merkmale	Demonstrationsmöglichkeiten
Schlagbohrmaschine	Drehzahlvorwahl, kraftvoller Rechts-/Linkslauf	Einstellungen zeigen, Kunde macht es nach. Gerät wird eingeschaltet. Kunde schaltet um. Kunde bohrt in Beton zur Probe.

Lernsituation 21

Argumentation: mit guten Gründen überzeugen

Kapitel 2.4

Verkaufsseminar 2.4

Situation

Eine Verkaufssituation:

Eine etwa 60-jährige Kundin in dem Schuhgeschäft Gibur wünscht einen bequemen Sommerschuh für den alltäglichen Gebrauch.

Auszug aus dem Verkaufsgespräch:

Die Verkäuferin zeigt der Kundin einen Schuh.
Verkäuferin: Das Modell Gazelle aus Boxcalf-Leder ist ein Sneaker in der CMT-Machart. Dieser Schuh hat eine Latexsohle und ist verwindungsfrei im Gewölbebereich. Außerdem verfügt er über einen herausnehmbaren Innenkeil. Das Oberleder hat kein Zwischenfutter. Dieser Schuh in der schönen Farbkombination Weiß-Orange ist zwar etwas empfindlich, kann aber mit einem speziellen Ledershampoo schnell gereinigt werden und ist der absolute Hit dieser Saison!

Aufträge

1. Notieren Sie stichwortartig die Fehler der Verkäuferin.
2. Formulieren Sie einen Verbesserungsvorschlag in wörtlicher Rede. Berücksichtigen Sie dabei die vorliegenden Herstellerinformationen.
3. Stellen Sie Ihren Verbesserungsvorschlag im Rollenspiel vor.

Comfort

Schuhe mit Gazellenprägung sind in der CMT-Machart (Comfort Moving Technology) gefertigt und zeichnen sich durch besondere Weichheit, Leichtigkeit und Flexibilität aus.
Mit CMT bleibt die ursprüngliche Dehnfähigkeit des Oberleders voll erhalten, und der Schuh passt sich so besser dem Fuß an.

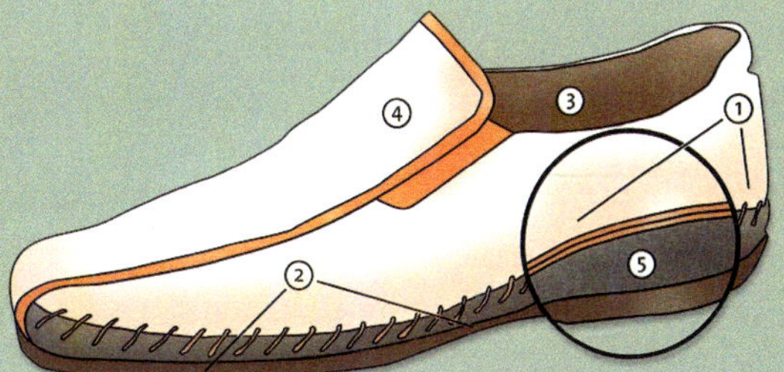

Das Ergebnis: pures Wohlergehen.

① verwindungsfrei im Fersen- und Gewölbebereich, superflexibel im Vorfußbereich – das stabilisiert den Fuß und lässt ihn natürlich und sicher abrollen

② hochflexible Latex-Laufsohle mit hohem Abrollkomfort

③ atmungsaktive Innenausstattung und weich gepolsterte Innensohle

④ extraweiches Oberleder ohne Zwischenfutter, passt sich dem Fuß an wie eine zweite Haut

⑤ gelenkschonende Schrittdämpfung im Fersenbereich

Gabor Shoes AG, Rosenheim

Arbeitsblatt 21.1 Verkaufsargumentation

Vorgehensweise bei der Verkaufsargumentation

Ablauf:	1. Schritt Warenmerkmal	2. Schritt Warenvorteil	3. Schritt Kundennutzen
Erläuterung	beginnt einer aussage über die Merkmalen der vorgelegene Ware	Hier kennt man Waren Vorteile aus Sicht der Kunden erkennt welche Verwendungsmöglich keit der Empfohlene Artikel bietet	Es kommt zu einem Kaufabschluss, wenn der Kunde überzeugt ist, dass der vorgelegte Artikel ihm einen persönlichen Nutzen erfüllt
Beispiel	2 lagen Material kein zusätzliches Futter klassischer Schnitt	Schutz vor Nässe winddicht wärme transport nach außen, leicht wenig platzsparend	Mit dieser Jacke fühlen sie sich bei jedem Wetter wohl sie knittert nicht und lässt sich leicht im Koffer verstauen

Grundregeln für die Formulierung von Verkaufsargumenten

Argumentieren Sie

- fachkundig aber verständlich
  - Wirkung: gibt den Kunden entscheidungshilfe man gewinnt vertrauen des Kunden
- Positiv
  - Wirkung: fördern eine Kauflust
- glaubwürdig
  - Wirkung: Die glaubwürdigkeit der Argumentation wird durch zitieren u.
- anschaulich
  - Wirkung: bewirken beim Kunden die genaue bildliche Vorstellung und prägen besser ein
- Persönlich
  - Wirkung: sie formu damit man eine unmittelbare Verbindung zwischen dem Kunden u. der Ware herstellt

gu'

Aufgabe 1

a) Kreuzen Sie an: Welche der folgenden Verkäuferaussagen beschreiben
- ein Warenmerkmal,
- einen Warenvorteil?

Verkäuferaussage	Warenmerkmal	Warenvorteil
1) Dieser Sunblocker hat den Lichtschutzfaktor 50.	☒	☐
2) Der Sunblocker erhöht die Eigenschutzzeit der Haut um das 50fache.	☐	☒
3) Der Sunblocker schützt die empfindlichen Hautpartien der Lippe und um die Augen.	☐	☒
4) Der Sunblocker ist ein wirksamer Schutz vor intensiver Sonnenbestrahlung.	☒	☒

b) Ein Kunde möchte von Ihnen beraten werden. Er benötigt für einen Skiurlaub im Hochgebirge ein Sonnenschutzmittel. Der Kunde hat Ihrer Schätzung nach eine Eigenschutzzeit der Haut von 15 Minuten. Sie empfehlen ihm einen Sunblocker mit dem Schutzfaktor 50. Formulieren Sie ein Verkaufsargument im „Sie-Stil". Wenden Sie dabei die Vorgehensweise im Drei-Schritt-Verfahren „Warenmerkmal – Warenvorteil – Kundennutzen" an.

Aufgabe 2

Ein Hersteller von Schreibgeräten gibt folgende Produktinformationen zu einem Tintenkugelschreiber:
- Hightech-Leichtlaufspitze mit hohem Schreibkomfort
- Linienbreite ca. 0,4 mm
- dokumentenecht
- großer Tintenvorrat
- Tintenstand durch Sichtfenster kontrollierbar
- Tintensteuerung mit konstantem Tintenfluss bis zum letzten Tropfen
- gleichmäßige Schreibleistung
- wischfest
- Griffprofil

a) Welche Grundregel der Verkaufsargumentation wird von dem Verkäufer bei den folgenden Aussagen nicht beachtet?

b) Formulieren Sie jeweils einen Verbesserungsvorschlag.

1) Der Tintenroller hat eine Hightech-Spitze.
2) Durch den konstanten Tintenfluss haben Sie eine gute Schreibleistung.
3) Mit dem Tintenvorrat kommen Sie unendlich lange aus.
4) Durch das Griffprofil kann der Tintenroller nicht so leicht aus den Fingern rutschen.
5) Der Tintenroller hat ein Sichtfenster. Dadurch kann man den Tintenstand kontrollieren.

Kapitel 2.5

Lernsituation 22
Kundeneinwände: wichtige Wegweiser erkennen

Situation

Verkaufsseminar 2.5

Eine Verkaufssituation:

In einem Verkaufsgespräch interessiert sich ein Kunde für einen Tintenstrahldrucker der Marke PH-FastPrint 3000. Nach einer ausführlichen Beratung durch den Verkäufer äußert der Kunde folgende Einwände:

Auszug aus dem Verkaufsgespräch:

Verkäufer: …
Kunde: Die Tintenstrahlpatronen des Druckers halten doch bestimmt nicht lange und sind doch auch sehr teuer in der Ersatzbeschaffung.
Verkäufer: Das können Sie so nicht sagen! Die Patrone hält recht lange und Qualität hat halt ihren Preis.
Kunde: …

Aufträge

1. Notieren Sie stichwortartig die Fehler des Verkäufers.
2. Formulieren Sie einen Verbesserungsvorschlag in wörtlicher Rede.
3. Stellen Sie Ihren Verbesserungsvorschlag im Rollenspiel vor.

Grundregeln der Einwandbehandlung
1. ruhig und sachlich bleiben.
2. freundlich: durch Mimik und Gestik zeigen, dass man den Einwand nicht abwegig findet
3. Aufmerksam dem Einwand folgen, dem Kunden aktiv zuhören
4. gegenfrage stellen um Zeit zu gewinnen
5. In die lage des Kunden versetzen
6. Knapp und präzisse auf den Einwand eingehen.

Arbeitsblatt 22.1 Arten von Kundeneinwänden

Arten von Kundeneinwänden

echte Einwände:	unechte Einwände:
Konkret Einwände gegen - Ware - Preis - Geschäft - Pesonal	unspezifischer Einwand Fluchtversuch um Gesräch zu beenden
Einwände gegen die Ware Beispiele:	Beispiele:
Die Farbe passt nicht zu meinem Haut Typ.	Ich komme mit meinen Eltern noch mal wieder

Einwände gegen den Preis
Beispiele:

Es gibt bestimmt Produkte die günstiger sind.

Einwände gegen das Geschäft
Beispiele:

mir gefällt die Auswahl in diesem geschäft nicht

Einwände gegen den Verkäufer
Beispiele:

Tut mir leid aber ihre Auskunft und Beratung Ist mir nicht [illegible] genau genug.

Arbeitsblatt 22.2 Methoden der Einwandbehandlung

1. Erläutern Sie kurz die aufgeführten Methoden.
2. Formulieren Sie zu jedem Einwand des Kunden und zu jeder Methode je ein Beispiel aus Ihrem Ausbildungssortiment.

Methoden der Einwandbehandlung	Beispiel
Ja-aber-Methode:	Einwand des Kunden: Ja Ihre Antwort:
Bumerangmethode:	Einwand des Kunden: Ihre Antwort:
Rückfragemethode (Umkehrmethode):	Einwand des Kunden: Ihre Antwort:
Nachteil-Vorteil-Methode:	Einwand des Kunden: Ihre Antwort:

Aufgabe 1
Verbessern Sie die Antworten der Verkäufer, indem Sie die Methoden der Einwandbehandlung anwenden.

Kundeneinwand	Antwort des Verkäufers	Ihre Antwort
a) Das Obst sieht nicht besonders frisch aus.	Ach was, das wurde heute morgen frisch angeliefert! Wirklich, heute morgen!	
b) Der Sakko wird im Schlussverkauf bestimmt reduziert!	Wenn Sie ihn nicht nehmen – den verkaufe ich in dieser Woche leicht noch dreimal.	
c) Für so einen Ramsch würde ich nicht so viel Geld ausgeben.	Sie sind der erste Kunde, der diese Ware als Ramsch bezeichnet. Die geht weg wie warme Semmeln!	
d) Ist die Ware wirklich aktuell?	Glauben Sie mir, topaktuell – wirklich „in" heutzutage.	
e) Hat dieses Gerät sonst noch Vorteile?	Das Gerät ist wirklich super, da gibt es gar keinen Zweifel!	
f) Das Teil ist ganz schön, aber eigentlich wollte ich nicht so viel ausgeben.	Ich kann Ihnen auch eine Billigware geben! Ob Sie aber damit glücklich werden?	
g) Wenn ich mal in Rente bin, kaufe ich mir so ein langweiliges Muster!	Ich weiß nicht, was Sie für Vorstellungen haben – aber langweilig ist dieses Muster keinesfalls.	
h) Ich weiß nicht, ob Sie als Lehrling schon genug von einer Hi-Fi-Anlage verstehen, um mich zu überzeugen!	Na bitte, erlauben Sie mal, mein Chef hat vollstes Vertrauen zu mir. Der weiß, was ich leiste!	

2 Lernfeld

Kapitel 2.6

Lernsituation 23

Preisnennung: den Wert ins richtige Licht rücken

Situation

Verkaufsseminar 2.6

Eine Verkaufssituation:

In einem Fachmarkt für Elektronik und Haushaltsgeräte schaut sich eine mögliche Kundin eine Digitalkamera an. Sie dreht und wendet sie, als würde sie etwas suchen. Dabei sieht sie sich Hilfe suchend um, bis ein Verkäufer erscheint.

Auszug aus dem Verkaufsgespräch:

Verkäufer: Sie kommen zurecht?
Kundin: Nein, nicht ganz, ich finde an dieser Digitalkamera kein Preisschild.
Verkäufer: 249,00 Euro, steht doch am Regal!
Kundin: Jetzt sehe ich es auch – ganz schön teuer.
Verkäufer: Wie man es nimmt – die anderen sind sogar noch teurer.
Kundin: Ach so.
Verkäufer: Soll ich Ihnen mal die billigen Kameras zeigen?
Kundin: Ich habe leider wenig Zeit.
Verkäufer: Die teuren Kameras haben immer eine bessere Qualität – ist doch klar. Was für eine Kamera wollen Sie denn jetzt?
Kundin: Oh, schon so spät, ich komme morgen nochmal wieder. – Auf Wiedersehen!

Aufträge

1. Notieren Sie stichwortartig die Fehler des Verkäufers!
2. Formulieren Sie einen Verbesserungsvorschlag in wörtlicher Rede.
3. Stellen Sie Ihren Verbesserungsvorschlag im Rollenspiel vor.

Arbeitsblatt 23.1

Den Preis in das Verkaufsgespräch einbinden

Kundenfrage: Was kostet dieser DVD-Rekorder? (ggf. Artikel nach Wahl)

Methode zur Einbindung des Preises in das Verkaufsgespräch	Merkmale/Besonderheiten	Beispiel in wörtlicher Rede
1.		
2.		

Kundeneinwand: Ich hätte nicht gedacht, dass dieses Gerät so teuer ist!

Methode zur Einbindung des Preises in das Verkaufsgespräch	Merkmale/Besonderheiten	Beispiel in wörtlicher Rede
3.		

Aufgabe 1
Nehmen Sie kurz Stellung zu folgender Aussage: „Die Qualität ist noch da, wenn der Preis längst vergessen ist."

Aufgabe 2
Warum sollte man nicht grundsätzlich von einem hohen Preis auf eine hohe Warenqualität schließen?

Aufgabe 3
Ergänzen Sie folgende Aussagen mit Begriffen an Stelle von „teuer" und „billig":

a) Das Schuhspezialgeschäft „Schuh-Klick" hat ________________ Preise.
b) Im Fabrik-Direktverkauf gibt es ________________ Kleidung.
c) Fußballmanager Kalli Winter verbrachte die Sommerpause auf einer ________________ Motorjacht an der Küste von Florida.
d) Mein geiziger Bruder sucht sich immer die ________________ Last-Minute-Reisen aus.
e) Eine Weltumseglung mit der „Flying Goddess" ist für Ärzte ________________ .
f) Die Straßencafés an der Berliner Friedrichstraße verlangen ________________ Preise.
g) Die Gemahlin von Consul Klein hat ihren ________________ Ring verlegt.

Aufgabe 4
Wie können Sie einer Kundin ein günstiges Angebot unterbreiten? Formulieren Sie in wörtlicher Rede.

Aufgabe 5
Welche Nachteile ergeben sich durch Fragen wie die folgenden: „Was darf es denn kosten? Haben Sie eine bestimmte Preislage im Kopf?"

Aufgabe 6
Beurteilen Sie folgende Frage einer Verkäuferin: „Hätten Sie gern die Hose zu 49,90 Euro, zu 69,90 Euro oder zu 89,90 Euro?"

Aufgabe 7
Formulieren Sie eine Preisnennung für einen Artikel aus Ihrem Ausbildungssortiment mit

a) der Sandwichmethode,
b) der Verzögerungsmethode,
c) der Vergleichsmethode.

Aufgabe 8
Ein Verkäufer nennt den Preis einer Ware schon zu Beginn des Verkaufsgespräches. Was ist daran nachteilig?

Aufgabe 9
Bei einem Verkaufsgespräch in der Beska GmbH äußert Ihre Kundin: „Eigentlich gefällt mir der Pullover ja sehr gut, aber er ist mir zu teuer." Wie setzen Sie das Verkaufsgespräch fort?

a) Sie brechen das Gespräch sofort ab.
b) Sie erwähnen, dass die Ware bei der Konkurrenz wesentlich teurer ist.
c) Sie widersprechen der Kundin aufs Äußerste.
d) Sie begründen den Preis, indem Sie die Vorzüge des Pullovers nennen.
e) Sie sagen der Kundin, dass sie ja woanders den Pullover kaufen könnte.

Aufgabe 10
Die Kundin Frau Meid macht Sie darauf aufmerksam, dass sie die gleiche Ware in einem anderen Geschäft günstiger erwerben könnte. Wie antworten Sie Frau Meid?

a) „Was erzählen Sie denn, wir sind absolut konkurrenzlos billig."
b) „Ja, dann kaufen Sie doch dort die Ware ein."
c) „Ach, das haben wir auch schon bemerkt. Dies ist lediglich ein Lockmittel. Im Laden bezahlen Sie dann viel mehr."
d) „Das mag sein. Sind Sie sich denn auch wirklich sicher, dass es sich um die gleiche Ware handelt? Haben Sie die Qualität und die Form wirklich miteinander verglichen und festgestellt, dass es sich um die gleiche Ware handelt?"
e) „Dies ist absolut falsch. Denn die Preise bei unserer Konkurrenz sind immer höher als unsere."

Lernsituation 24

Kapitel 2.7

Kaufentscheidung: Kaufen oder nicht kaufen? – Das ist hier die Frage!

Situation

Verkaufsseminar 2.7

Eine Verkaufssituation:

Eine Kundin betritt die Uhren- und Schmuckabteilung eines Warenhauses und lässt sich von einer Verkäuferin eine Armbanduhr aus der Auslage herausgeben. Die Kundin ergreift sofort die Uhr und blickt sie ganz versonnen an …

Auszug aus dem Verkaufsgespräch:

Kundin: Die ist aber toll! Genau so eine Uhr habe ich gesucht. Todschick!

Verkäuferin: Ja, diese Damenarmbanduhr von Bokkia mit dem schwarzen Lederarmband ist ein besonders elegantes Modell. Sie hat ein Quarzuhrwerk, eine Datumsanzeige und ist wasserdicht. Der Preis beläuft sich auf 75,00 Euro. Das Lederarmband können Sie in drei verschiedenen Farben erhalten: Schwarz, Braun, oder Blau. Oder Sie wählen dieses besonders elegante Kettenarmband dazu, was meiner Meinung nach besonders gut mit dem Uhrengehäuse harmoniert.

Kundin: Ja, das sieht schon gut aus.

Verkäuferin: Allerdings hat dieses Kettenarmband einen sehr hohen Nickelanteil. Haben Sie eine Nickelallergie?

Kundin: Ja, Nickel kann ich nicht so gut vertragen!

Verkäuferin: Vielleicht kann ich Ihnen dann diese Uhr von Althans zeigen, auch ein sehr schönes Modell. Preislich käme sie auf 79,00 Euro. Oder wie finden Sie diese Uhr von Fesprit? Das ist mal was ganz anderes, nicht wahr?

Kundin: Ja, alle Modelle sind recht hübsch. Sie haben wirklich eine große Auswahl an Uhren! Aber ich weiß nicht so recht …. Ich glaube, ich muss mir das zu Hause noch einmal überlegen. Ich komme dann ein andermal wieder!

Aufträge

1. Notieren Sie stichwortartig die Fehler der Verkäuferin.
2. Formulieren Sie einen Verbesserungsvorschlag in wörtlicher Rede.
3. Stellen Sie Ihren Verbesserungsvorschlag im Rollenspiel vor.

Arbeitsblatt 24.1 Kaufsignale des Kunden

Verbale Kaufsignale			Nonverbale Kaufsignale		
Signal	Beispiel	Bedeutung/ Interpretation	Signal	Beispiel	Bedeutung/ Interpretation
Zustimmung des Kunden	„Doch, das gefällt mir sehr gut!"	zufrieden kauft die Ware	Ware mit fünf Sinnen erfassen	Kunde streichelt vorsichtig über das extraweiche Nappaleder der Handtasche	
Wiederholung der Kaufargumente	„Also dieses Sofa gibt es wirklich ohne Aufpreis auch als Viersitzer in den Farben Cognac und mit der Velourslederausstattung		Zustimmung signalisieren	Kunde nickt	
Fragen zu Einzelheiten	„Wenn das Kissen farblich nicht zu meinem Teppich passt kann ich es dann umtauschen?"		Zustimmung einfordern	Kunde lächelt z.B. und zuckt die Augenbrauen hoch	
Frage nach Zahlungsmodalität	„Kann ich das Sofa auch auf Rechnung bezahlen?		positive Mimik		
Frage nach Referenzen	Und das Laminat wurde auch in der Einkaufspassage verwendet, wo es ja deutlich mehr beansprucht wird als bei mir zu Hause		Besitz der Ware simulieren		

Arbeitsblatt 24.2 Abschlusstechniken

1. Erläutern Sie kurz die aufgeführten Abschlusstechniken, die den Kunden bei seiner Kaufentscheidung unterstützen.
2. Formulieren Sie zu jeder Technik ein Beispiel in wörtlicher Rede zu einer Ware aus Ihrem Ausbildungssortiment.

Abschlusstechnik	Beispiel
Ja-Fragen:	
Alternativfragen:	
Zusammenfassung:	
Schweigen:	
Empfehlung:	
Einschränken der Auswahl:	
direkte Kaufaufforderung:	

Aufgabe 1

Formulieren Sie in wörtlicher Rede Entscheidungshilfen zu den jeweiligen Ausschnitten eines Verkaufsgespräches. Verwenden Sie möglichst unterschiedliche Abschlusstechniken.

a) Eine Kundin sucht einen neuen Sommerrock. Zwei Röcke kommen in die engere Wahl. **Kundin:** „Ich finde beide schön, sowohl den unifarbenen als auch den geblümten Rock. Welchen soll ich bloß nehmen?"

b) Ein junger Mann sucht einen neuen Trainingsanzug. Er hat schon diverse Modelle anprobiert und die passenden Modelle hängen alle (fünf Modelle) an der Umkleidekabine.

c) Eine Kundin sucht neue Winterstiefel. Nach einem intensiven Verkaufsgespräch kommen eigentlich nur noch zwei Modelle in Frage: ein flacher, sportlicher Schnürstiefel oder ein flacher sportlicher Stiefel mit Reißverschluss. Die Kundin gesteht der Verkäuferin: „Ich muss Sie warnen. Ich kann mich, was Schuhe angeht, sehr schlecht entscheiden!"

Aufgabe 2

a) Erläutern Sie die Abschlusstechnik „Die Ja-Fragen".

b) Wenden Sie die Abschlusstechnik „Die Ja-Fragen" für ein Produkt aus Ihrem Ausbildungssortiment in wörtlicher Rede an und halten Sie Ihr Ergebnis schriftlich fest.

Aufgabe 3

Woran erkennen Sie, dass ein Kunde kurz vor der Kaufentscheidung steht?
Nennen Sie fünf Beispiele.

Aufgabe 4

Welche Abschlusstechnik wendet der Verkäufer in den einzelnen Fällen an?

a) **Verkäufer:** Sie sollten sich relativ schnell entscheiden, da wir nur noch fünf Liegestühle auf Lager haben!

b) **Verkäufer:** Die Waschmaschine soll doch möglichst wenig Wasser verbrauchen?
Kunde: Ja.
Verkäufer: Außerdem soll sie leicht zu bedienen sein?
Kunde: Ja, stimmt.
Verkäufer: Und es ist Ihnen wichtig, dass die Maschine von oben beladen wird, oder?
Kunde: Ja, mein Badezimmer ist so eng!
Verkäufer: Dann ist dieses Modell Lawamat von EAG genau das Richtige für Sie!

c) **Verkäufer:** Kann ich diese Krawatten schon einmal beiseitelegen?

d) **Verkäufer:** Laut Stiftung Warentest hat dieser Schulranzen von Trend in den Bereichen Verarbeitung und Ergonomie sehr gut abgeschnitten. Diesen Ranzen können Sie Ihrem Patenkind mit ruhigem Gewissen zur Einschulung schenken.

e) **Verkäufer:** Möchten Sie die Teore-Kettenschaltung an Ihrem Trekkingrad oder lieber die XTS-Schaltung?

Aufgabe 5

a) Beschreiben Sie folgende Verkaufssituation:
Kunde: Ich weiß nicht! Soll ich die Gartenstühle aus Teakholz nehmen oder lieber die Aluminiumstühle? Ich befürchte, die Holzstühle machen mir langfristig doch mehr Arbeit!
Verkäufer: Nehmen Sie die Teakstühle! Die sehen meiner Meinung nach einfach nach mehr aus. Irgendwie wohnlicher!
Kunde: Ja, wenn Sie meinen ... Okay, ich nehme die Holzstühle!

b) Welche Gefahr sehen Sie im Verhalten des Verkäufers für den Kunden und für das Einzelhandelsgeschäft?

c) Leiten Sie aus dieser Verkaufssituation eine allgemein gültige Verhaltensregel für den Verkäufer in der Entscheidungsphase ab.

Lernsituation 25

Kapitel 2.8

Kaufentscheidung bekräftigen – gute Gefühle wecken

Situation

Verkaufsseminar 2.8

Eine Verkaufssituation:

In einem Elektro-Fachmarkt interessiert sich eine Kundin für eine Digital-Fotokamera. Ein Verkäufer hat die Kundin sehr fachkundig beraten, sodass sie kurz vor der Kaufentscheidung steht.

Auszug aus dem Verkaufsgespräch:

Verkäufer: Die Funktionen der beiden Kameras sind eigentlich gleichwertig. Beide verfügen über acht Millionen Pixel und beide haben eine Docking-Station. Der Preisunterschied in Höhe von 70,00 Euro zwischen der Nimolta MX 8 und der Kamon C8V ist auf das unterschiedliche Material zurückzuführen. Die Nimolta hat ein Metallgehäuse, die Kamon dagegen ist aus Plastik gefertigt.

Kundin: Eigentlich wollte ich maximal 350,00 Euro ausgeben. Aber die Nimolta finde ich schon sehr schick. Wissen Sie was? Ich bin heute mal unvernünftig! Ich nehme die Nimolta, auch wenn sie 70,00 Euro über meinem Limit liegt. Sie fühlt sich einfach angenehmer an. Schließlich soll das Fotografieren ja auch Spaß machen!

Verkäufer: Ja, in Ordnung. Dann darf ich Sie zur Kasse führen. Es geht hier entlang.

Die Kundin folgt dem Verkäufer zur Kasse.

Verkäufer: So, da wären wir. Meine Kollegin an der Kasse macht dann weiter.

Kundin: Entschuldigen Sie, bitte. Ich glaube, meine Entscheidung von eben war eine Kurzschlussreaktion. Ich möchte die Nimolta doch nicht kaufen. Ich muss mir das Ganze noch einmal überlegen. Ich habe so ein ungutes Gefühl dabei.

Aufträge

1. Notieren Sie stichwortartig die Fehler des Verkäufers.
2. Formulieren Sie einen Verbesserungsvorschlag in wörtlicher Rede.
3. Stellen Sie Ihren Verbesserungsvorschlag im Rollenspiel vor.

Arbeitsblatt 25.1

Wie bekräftigen Sie den Kaufentschluss des Kunden?

1. Erläutern Sie kurz die aufgeführten Methoden.
2. Formulieren Sie zu jeder Methode ein Beispiel in wörtlicher Rede zu einer Ware aus Ihrem Ausbildungssortiment.

Methode zur Bekräftigung	Beispiel
Bezug nehmen auf das Kaufmotiv:	
Umtauschmöglichkeit:	
Betonung der Qualität:	
Hinweis auf Kundendienst und Service:	
Tipps zu Gebrauch und Pflege der Ware:	

Aufgabe 1

a) Wie kommt es zu dem so genannten „Kaufkater“ beim Kunden?

b) Nehmen Sie Stellung zu der Aussage eines Verkäufers: „Es ist doch egal, wie sich der Kunde nach dem Kauf fühlt! Hauptsache ist doch, ich habe Umsatz gemacht!“

c) Welche Methoden kennen Sie, um einen Kaufkater beim Kunden zu verhindern? Nennen Sie die Methode und formulieren Sie in wörtlicher Rede zu jeder Methode ein Beispiel.

Aufgabe 2

Frau Petri, eine Dame von 75 Jahren, ist Stammkundin des Textilwarengeschäftes Remeyer. Sie möchte sich für die kalten Wintermonate einen besonders warm haltenden Mantel kaufen. Allerdings weiß sie nicht, ob sie sich das leisen kann, da sie nur eine geringe Rente erhält. Dem Verkäufer Recker gelingt es aber, durch sorgfältige Beratung die Bedenken der Kundin zu verwerfen. Auch konnte er Frau Petri ein günstiges Angebot machen, da es sich bei diesem Mantel um ein Auslaufmodell handelt.

Frau Petri: Gut, ich nehme diesen Mantel.
Verkäufer: Da haben Sie wirklich einen guten Mantel erworben, an dem Sie noch lange Freude haben werden. Wenn Sie bitte dort an der Kasse zahlen möchten?
Frau Petri: Ja, gern.
An der Kasse trifft Frau Petri auf die Besitzerin des Geschäftes, Frau Reiners. Sie begrüßt Frau Petri und redet ein wenig mit ihr.
Frau Reiners (als der Verkäufer den Mantel bringt): Oh, da haben Sie sich aber einen wunderschönen Mantel ausgesucht. Der wird Ihnen sicherlich noch lange Freude machen.
Während Frau Reiners kassiert, erscheint ihr Mann, um sie abzulösen. Er sieht den Mantel von Frau Petri.
Herr Reiners: Guten Tag Frau Petri, wie geht es Ihnen?
Frau Petri: Gut, danke.
Herr Reiners: Da haben Sie aber einen schönen Mantel gekauft. Damit werden Sie aber noch lange Freude haben.
Oft ist auch Frau Reiners senior im Geschäft anwesend. Sie ist in einem ähnlichen Alter wie Frau Petri und lässt sich häufiger mal im Geschäft sehen. Allerdings ist sie heute bei einem Tanztee und nicht im Hause.

a) Wie hätte wohl die ältere Frau Reiners Frau Petri begrüßt, wenn sie sie mit dem Mantel gesehen hätte?
b) Wie empfindet wohl Frau Petri die drei Kaufbekräftigungen nach Ihrer Meinung?
c) Formulieren Sie eine verbesserte Kaufbekräftigung des Verkäufers für Frau Petri.

Aufgabe 3

Entwerfen Sie eine Kaufbekräftigung mit Hilfe einer von Ihnen gewählten Methode für ein Produkt aus der Branche Ihres Ausbildungsbetriebes. Beschreiben Sie zunächst den Kundentypen und nennen Sie den Verwendungszweck des Produktes.

Aufgabe 4

Welche der unten aufgeführten Kaufbekräftigungen halten Sie für geeignet und einsetzbar?

a) Das ist in Ordnung. Sie werden Ihren Kauf sicherlich nicht bereuen. Sie erhalten eine super funktionelle Wanderjacke zu einem günstigen Preis.
b) Ja natürlich, mit dieser Wanderjacke haben Sie zu einem günstigen Preis den idealen Wanderpartner für die Berge im Winter erworben. Sie ist windabweisend und natürlich wasserdicht und wärmt hervorragend.
c) Bitte sehr, mit dieser preisgünstigen, funktionellen Wanderjacke werden Sie sehr zufrieden sein.

Aufgabe 5

Die Kaufbekräftigung ist ein sehr wichtiger Punkt am Ende jedes Verkaufsgespräches. Sie macht nämlich dem Kunden noch einmal deutlich, dass das gekaufte Produkt seinen Ansprüchen auch wirklich gerecht wird.
Wie muss eine Kaufbekräftigung formuliert werden, damit sie dieser Aufgabe auch entsprechen kann?

Kapitel 2.9

Lernsituation 26

Ergänzungsangebote: Da war doch noch was?

Situation

Verkaufsseminar 2.9

Eine Verkaufssituation:

Gegen 19:30 Uhr betritt eine ziemlich aufgeregte Kundin die Drogerie- und Kosmetikabteilung eines Berliner Warenhauses.

Auszug aus dem Verkaufsgespräch:

Verkäuferin: Guten Abend, wie kann ich Ihnen helfen?

Kundin: Hilfe, ja, das ist genau das, was ich jetzt brauche. Stellen Sie sich vor, ich bin gegen 15:00 Uhr auf dem Flughafen Tegel gelandet, aber leider ohne mein Gepäck. Das scheint irgendwo auf der Welt verschollen zu sein. Eine absolute Katastrophe! Morgen Mittag habe ich einen wichtigen geschäftlichen Termin. Zum Glück hatte ich meine Arbeitsunterlagen im Handgepäck. Auch die Fluggesellschaft zeigte sich wenigstens so kulant, mir für meine nötigsten Ausgaben vorab 150,00 Euro zu zahlen. Was ich also unbedingt brauche, sind eine Zahnbürste und Zahncreme.

Verkäuferin: Ja, das ist ja wirklich eine sehr ärgerliche Geschichte, die Ihnen da widerfahren ist. Mir ist das im Urlaub auf Mallorca auch einmal passiert. So ganz ohne Gepäck, da fühlt man sich ja irgendwie „nackt“. Die Zahnbürsten und Zahnpasten haben wir hier im Regal stehen. Haben Sie eine bestimmte Marke, die Sie bevorzugen?

Kundin: Ja, ich benutze die Marke Dentanox.

Verkäuferin: Diese Marke haben wir hier. Bitte sehr! Ich wünsche Ihnen alles Gute für Ihren Aufenthalt in Berlin. Hoffentlich bekommen Sie Ihr Gepäck schnell wieder!

Aufträge

1. Notieren Sie stichwortartig die Fehler der Verkäuferin.
2. Formulieren Sie einen Verbesserungsvorschlag in wörtlicher Rede.
3. Stellen Sie Ihren Verbesserungsvorschlag im Rollenspiel vor.

Arbeitsblatt 26.1 Ergänzungsangebote

	Erklärung	Beispiele	
		Hauptartikel	Ergänzung
notwendige Ergänzungsangebote			
sinnvolle Ergänzungsangebote			
verdeckte Ergänzungsangebote			

Aufgaben

Aufgabe 1
Wer profitiert vom Ergänzungsangebot? Begründen Sie Ihre Aussage.

Aufgabe 2
Welche verschiedenen Arten von Ergänzungsangeboten kennen Sie? Erläutern Sie diese.

Aufgabe 3
Wann unterbreiten Sie dem Kunden ein Ergänzungsangebot?

Aufgabe 4
Wählen Sie insgesamt acht Artikel aus Ihrem Ausbildungssortiment aus und nennen Sie für vier Artikel einen notwendigen Ergänzungsartikel und für vier Artikel einen sinnvollen Ergänzungsartikel.

Aufgabe 5
Finden Sie für folgende Hauptartikel einen Ergänzungsartikel, formulieren Sie das Ergänzungsangebot in wörtlicher Rede und entscheiden Sie, welche Art von Ergänzungsangebot vorliegt.

Hauptartikel	Welchen Ergänzungsartikel bieten Sie an?	Wie formulieren Sie Ihr Ergänzungsangebot (wörtliche Rede)?	Welche Art von Ergänzungsangebot liegt vor?		
			notwendig	sinnvoll	entdeckt
a) Handy	Schutzhülle	Es geht nicht so schnell kaputt	☐	☒	☐
b) Schulranzen	Regenschutz		☐	☒	☐
c) Skijacke			☐	☒	☐
d) Eine Kundin probiert Abendgarderobe an und erwähnt, dass sie noch kein Geschenk für den Gastgeber hat.			☐	☐	☐
e) Fahrrad			☐	☐	☐

Lernsituation 27

Kapitel 2.10

Serviceleistungen: Was WIR können, können nicht alle!

Situation

Verkaufsseminar 2.10

Eine Verkaufssituation:

In der Elektroabteilung eines Warenhauses interessiert sich ein älterer Kunde für Fernseher mit großer Bildschirmdiagonale. Da er sich mit den Geräten überhaupt nicht auskennt, fragt er einen Verkäufer nach einem passenden Gerät für ihn.

Auszug aus dem Verkaufsgespräch:

Kunde: Wie viel Kilo wiegt so ein toller großer Fernseher eigentlich? Mein altes Gerät ist nämlich kaputt, das konnte ich nicht einmal anheben.
Verkäufer: Das weiß ich nicht, normalerweise kann man den aber alleine anheben.
Kunde: Sie vielleicht – Sie sind ja auch noch jung.
Verkäufer: Der Fernseher steht doch eh nur in der Wohnung rum, wenn er einmal angeschlossen ist, da ist es doch egal, was er wiegt.
Kunde: Tja, und was muss man denn beim Anschließen noch so beachten?
Verkäufer: Sie nehmen das Gerät aus dem Karton und stöpseln alle Kabel ein, das ist überhaupt kein Problem.
Kunde: Vielen Dank für Ihre Hilfe, ich muss noch mal mit meiner Frau über diese Anschaffung sprechen. – Auf Wiedersehen.

Aufträge

1. Notieren Sie stichwortartig die Fehler des Verkäufers.
2. Formulieren Sie einen Verbesserungsvorschlag in wörtlicher Rede.
3. Stellen Sie Ihren Verbesserungsvorschlag im Rollenspiel vor.

2 Lernfeld

Arbeitsblatt 27.1

Serviceleistungen kundenspezifisch anbieten

Art der Serviceleistung	Kundenproblem / Hinweis für den Käufer (wörtliche Rede)	Verkaufsargument (Wörtliche Rede)
Auf die Ware gerichtet Beispiel: Geschenkverpackung	Ich kann keine Geschenke schön verpacken	Bei uns können sie die geschenke vom meister verpacken lassen
Auf Informationen gerichtet Beispiel: Beratung	Ich bin mir nicht ganz sicher	Ich kann sie als Mitarbeiter des Monats gut beraten
Auf die Zahlung gerichtet Beispiel: Ratenzahlung	Ich hab nicht ~~[illegible]~~ genug geld um alles auf einmal zu bezahlen	Sie können es auch in Raten ab bezahlen
Auf den Transport gerichtet Beispiel: Anlieferung der Ware	Ich weiß garnich wie ich den Schrank nach Haus bringen soll	Wir können um den Schrank liefern
Auf den Kunden gerichtet Beispiel: Wasserspender	Ich hab etwas durst aber nicht soviel das ich mir eine Flasche kaufen will	Dan trinken sie was vom Wasserspender

Aufgabe 1
Welche sinnvollen Serviceleistungen kann ein Einzelhändler beim Verkauf folgender Waren anbieten?

a) Farbfernseher
b) Tintenstrahldruckerpatrone
c) Herrenschuh
d) Damenbluse
e) Schreibtisch
f) Präsentkorb
g) Bohrmaschine
h) Waschautomat

Aufgabe 2
Für die neue Abteilung „Kinderkleidung" werden noch geeignete Serviceleistungen gesucht.
Erstellen Sie dazu eine Liste mit Vorschlägen.

Aufgabe 3
Welche informationsbezogenen Serviceleistungen bietet Ihr Ausbildungsbetrieb an?

Aufgabe 4
Die Geschäftsleitung der Beska GmbH überlegt, einen Lieferservice mit eigenem Lieferwagen anzubieten. Welche Vorteile und Nachteile bringt eine solche Serviceleistung mit sich?

Aufgabe 5
Der Käufer eines Waschvollautomaten erkundigt sich nach den Zahlungs- und Finanzierungsmöglichkeiten für diesen Artikel. Erklären Sie an diesem Beispiel zahlungsbezogene Serviceleistungen.

Aufgabe 6
Welche Serviceleistungen kann die Beska GmbH speziell für die Generation 65+ anbieten? Nennen Sie mindestens vier.

Aufgabe 7
Welche der unten aufgeführten Serviceleistungen ist transportbezogen?

a) Zeitschriften für Kunden
b) Aufzüge
c) Rolltreppen
d) Einkaufswagen
e) Zustellung von Waren

Aufgabe 8
Welche der unten aufgeführten Serviceleistungen ist personenbezogen?

a) Einpackservice
b) Zahlen mit einer Kundenkarte
c) Zahlen mit einer Kreditkarte
d) Kinderbetreuung
e) Anbringen der gekauften Gardine

Aufgabe 9
Die Beska GmbH bietet vor und nach dem Einkauf Serviceleistungen an. Welche Funktion des Einzelhandels erfüllt die Beska GmbH damit?

a) die Beratungsfunktion
b) die Kundendienstfunktion
c) die gesetzlich festgelegten Kundendienstleistungen
d) die Sortimentsfunktion
e) die Übernahme der Produktwerbung für den Hersteller

Aufgabe 10
Warum bietet die Beska GmbH Serviceleistungen für den Kunden an?

a) Dies ist für die Beska GmbH die einzige Möglichkeit, sich von der Konkurrenz abzugrenzen.
b) Damit erhält sich die Beska GmbH ihre Stammkunden.
c) Durch das Wettbewerbsrecht ist die Beska GmbH gezwungen, Kundendienstfunktionen anzubieten.
d) Dadurch erreicht die Beska GmbH eine Ertragssteigerung, welche zu einem Umsatzzuwachs führt.

Aufgabe 11
Welche der unten aufgeführten Serviceleistung ist zahlungsbezogen?

a) Bereitstellung von Zusatzartikeln und Ersatzartikeln
b) Anbieten von Ratenzahlungen
c) Gewährung von Skonto
d) Gewährung von Rabatten
e) Bestellannahme per Telefon

Kapitel 2.11

Lernsituation 28

Alternativangebote: Ware weg, Kunde weg?

Situation

Verkaufsseminar 2.11

Eine Verkaufssituation:

Der Kunde in einem Warenhaus fragt in der Sportartikelabteilung den Verkäufer nach dem neuen Laufschuh von Kuma, der besonders für ambitionierte Hobbyläufer hinsichtlich Tragekomfort und Dämpfung sehr gut geeignet sein soll. Der Verkäufer antwortet wie folgt:

Auszug aus dem Verkaufsgespräch:

Kunde: …
Verkäufer: Den neuen Laufschuh von Kuma führen wir leider nicht in unserem Sortiment, ich kann Ihnen nur ein Modell von Basics anbieten.
Kunde: Oh, nein danke. Auf Wiedersehen.
Verkäufer: Auf Wiedersehen.

Aufträge

1. Notieren Sie stichwortartig die Fehler des Verkäufers.
2. Formulieren Sie einen Verbesserungsvorschlag in wörtlicher Rede.
3. Stellen Sie Ihren Verbesserungsvorschlag im Rollenspiel vor.

Arbeitsblatt 28.1 Alternativangebot

Grundregeln für den Vorschlag eines Alternativangebotes

Drücken Sie Ihr Bedauern über das Fehlen des gewünschten Artikels aus.

Aufgabe 1

a) Formulieren Sie anhand eines Beispieles aus Ihrem Ausbildungssortiment drei Antworten in wörtlicher Rede an den Kunden, die Sie bei der Präsentation eines Alternativangebotes auf jeden Fall vermeiden sollten.

b) Entwickeln Sie für jede Ihrer drei Antworten einen Verbesserungsvorschlag in wörtlicher Rede.

Aufgabe 2

Sammeln Sie aus Ihrem Ausbildungssortiment drei Artikel und überlegen Sie sich jeweils zwei Alternativvorschläge, falls Sie diese nicht vorrätig haben sollten.

Aufgabe 3

Warum können die Bedürfnisse der Kunden auch mit Alternativangeboten sehr gut erfüllt werden?

Aufgabe 4

Berichten Sie über die Gründe, warum Ihr Ausbildungsbetrieb eventuell bestimmte Artikel nicht im Sortiment führt.

Aufgabe 5

Bereiten Sie sich auf die Unterbreitung von Alternativangeboten auch dadurch vor, dass Sie folgende Übersicht erstellen:

Artikel, die in meinem Ausbildungsbetrieb nicht geführt werden, obwohl sie zum Sortiment passen würden:	Stattdessen kann ich folgende Artikel aus unserem Sortiment anbieten:	Begründung:

Lernsituation 29

Kapitel 2.12

Die Verabschiedung: Nun noch einen guten Schluss!

Situation

Verkaufsseminar 2.12

Eine Verkaufssituation:

In der Textilabteilung eines Warenhauses kauft ein 18-jähriger Schüler eine Krawatte im Werte von 25,00 Euro für seinen Abiturball. Nach der Beratung kassiert der Verkäufer.

Auszug aus dem Verkaufsgespräch:

Verkäufer: So, das macht dann 25,00 Euro. Wie möchten Sie zahlen?
Kunde: Ich möchte bar zahlen. Bitte sehr, das sind 50,00 Euro.
Verkäufer: Hast du es nicht kleiner? So langsam geht mir nämlich mein Wechselgeld aus!
Kunde: Nein, tut mir leid, habe ich nicht!
Verkäufer: Na, da kann man wohl nichts machen. So, hier ist Ihr Wechselgeld. Bitte sehr! Brauchen Sie ´ne Tüte?
Kunde: Ja, danke, das wäre sehr freundlich.
Verkäufer: So, bitte sehr, der Herr, Ihre Krawatte. Und beehren Sie uns bald wieder!

Aufträge

1. Notieren Sie stichwortartig die Fehler des Verkäufers.
2. Formulieren Sie einen Verbesserungsvorschlag in wörtlicher Rede.
3. Stellen Sie Ihren Verbesserungsvorschlag im Rollenspiel vor.

Arbeitsblatt 29.1 Grundregeln für die Verabschiedung

Behandeln Sie alle Kunden gleich, unabhängig ihres Alters, ihrer Erscheinung, ihrer Stellung etc.

Die Verabschiedung muss enthalten:

Aufgabe 1
Verabschieden Sie die Kundin / den Kunden der gegebenen Fallsituation entsprechend. Formulieren Sie in wörtlicher Rede.

Verkaufssituation	Ihre Verabschiedung in wörtlicher Rede
a) Eine Kundin kauft einen neuen Koffer für die anstehende Ferienreise in die Türkei.	
b) Eine Kundin lässt sich in der Kosmetikabteilung ein Make-up für ihre anstehende Hochzeit zusammenstellen.	
c) Ein Kunde kauft sich ein Paar neue Carvingski. In 14 Tagen will er in den Skiurlaub fahren.	
d) Eine Kundin kauft für das anstehende Osterfest Pralinen und Ostereier ein.	
e) Eine Stammkundin, Frau Schuster, kauft sich ein Paar neue Sommerschuhe.	
f) Eine Kundin kauft für die anstehende Geburt ihres Enkelkindes einen Teddybären.	
g) Ein Kunde kauft um 17:45 Uhr Lebensmittel ein.	
h) Eine Kundin kauft am 22. Dezember Getränke ein.	
i) Ein Kunde kauft sich einen neuen Grill.	

Kapitel 2

Lernsituation 30 Ein Rollenspiel

Situation

UB Unternehmensberatung

Verkaufsseminar 3.0

Nachdem Sie zum Ende des Verkaufsseminars die neuesten Erkenntnisse zur Verkaufspsychologie erfahren haben, erhalten Sie nun die Gelegenheit, die erworbenen Kenntnisse in einem von Ihnen simulierten Verkaufsgespräch anzuwenden. Durch den Einsatz einer Videokamera ist eine Reflexion des Verkäuferverhaltens möglich, damit Fehler erkannt und korrigiert werden können. Nutzen Sie die Chance!

Die Unternehmensberatung wünscht Ihnen für den letzten und äußerst interessanten Seminartag ein gutes Gelingen!

Informationen zur Durchführung

1. Die nachfolgende Übungssequenz ist in Partnerarbeit durchzuführen.
2. Im Anschluss stellt jedes „Paar" den restlichen Teilnehmern des Verkaufsseminars das Verkaufsgespräch vor.
3. Die Partner wechseln nach einem durchgeführten Verkaufsgespräch die Rollen (jeder übernimmt einmal die Rolle des Verkäufers und einmal die Rolle des Kunden).
4. Weitere Informationen erhalten Sie in den unten aufgeführten Rollenkarten.

Rollenkarte „Kunde"

a) Sie befinden sich in einem Warenhaus (Vorwahl- und Bedienungssystem).
b) Bringen Sie folgende Punkte in das Rollenspiel ein:
- Sie schauen sich suchend im Geschäft um und lassen sich vom Verkäufer ansprechen.
- Sie überlassen es dem Verkäufer, Ihr Kaufmotiv und Ihren Kaufwunsch zu ermitteln.
- Sie lassen sich Zeit bei der Warenvorlage durch den Verkäufer und informieren sich intensiv über die vorgelegte Ware.
- Sie können sich zwischen zwei Artikeln nicht entscheiden.
- Sie bringen einen Kundeneinwand in das Gespräch ein (z. B. zu hoher Preis).
- Sie fragen nach Serviceleistungen.

Rollenkarte für die anderen Seminarteilnehmer:

a) Sie beobachten das Verkaufsgespräch und halten Ihre Beobachtungen schriftlich mit Hilfe des Beobachtungsbogens fest.
b) Sie halten sich nach den gesehenen Verkaufsgesprächen zu einer Feedback-Runde bereit und beachten dabei die Feedback-Regeln.

Rollenkarte „Verkäufer"

a) Sie befinden sich in einem Warenhaus (Vorwahl- und Bedienungssystem).
b) Sie bestimmen die Ware, die Sie verkaufen möchten (nutzen Sie Ihre Warenkenntnisse), und teilen dies Ihrem Rollenspielpartner „Kunde" vor Beginn des Verkaufsgespräches mit.
c) Denken Sie an:
- Begrüßungsformen
- Frage- und Informationstechniken zur Bedarfsermittlung, bei der Warenvorlage
- Preisnennung im Gespräch
- Argumentationen zur Überzeugung
- Gesprächsstrategie bei Einwänden (auch Methoden anwenden)
- Bekräftigung der Kaufentscheidung
- Anbieten von Ergänzungsprodukten (falls möglich)
- Einbringen von Serviceleistungen
- Verabschiedung nicht vergessen!

Beobachtungsbogen: Das Verkaufsgespräch

Phase des Verkaufsgespräches	erfüllt	nicht erfüllt	Bemerkungen; wenn Methode, welche?
1. Begrüßung			
Stammkundenbegrüßung			
offene Fragestellung			
freundliches Auftreten			
Blickkontakt			
offene Körperhaltung			
2. Bedarfsermittlung			
Fragen, die auf die Bedürfnisse des Kunden abzielen			
Fragen, die der Kunde mit ganzen Sätzen beantwortet			
stellt angemessene Anzahl an Fragen			
aktives Zuhören			
vermeidet Fragen, die den Kunden zu einer Entscheidung zwingen			
3. Warenvorlage			
passender Zeitpunkt im Verkaufsgespräch			
passend zum Kundenmotiv			
angemessenes Preissegment			
korrektes Warenhandling			
4. Argumentation			
verwendungsbezogen			
kundenbezogen, persönlich			
positiv, verständlich, glaubwürdig, anschaulich			
5. Kundeneinwände			
vermeidet direkten Widerspruch			
wendet Methode der Einwandbehandlung an			
6. Preisnennung			
wendet Methode der Preisnennung an			
7. Kaufentscheidung herbeiführen			
erkennt Kaufsignale			
gibt Entscheidungshilfe			
8. Kaufentscheidung bekräftigen			
bekräftigt Kaufentscheidung			
9. Ergänzungsangebot			
unterbreitet Ergänzungsangebot			
angemessener Zeitpunkt			
wählt verkaufsfördernde Formulierung			
10. Serviceleistungen			
bietet Serviceleistungen an			
11. Alternativangebot			
vermeidet abwertende Begriffe wie „leider“ oder „nur“			
bietet sinnvolle Alternativen an			
12. Verabschiedung			
bedankt sich			
verabschiedet sich passend			

Kapitel 1 bis 3, 4.1 und 5.2

Lernsituation 31 Arbeiten an der Kasse

Situation

Hausmitteilung

Datum: ____________________

Beska BERLINER SUPERKAUF GMBH

Absender	Empfänger	Weiterverwendung
☒ Geschäftsleitung	☐ Geschäftsleitung	☐ zur Kenntnisnahme
☐ Verwaltung/Verkauf	☒ Verwaltung/Verkauf	☒ zur Erledigung
☐ Warengruppe ____________	☐ Warengruppe ____________	☐ zur Stellungnahme
☐ Frau/Herr ____________	☐ Frau/Herr ____________	

Habe gestern bei meinem täglichen Rundgang beobachtet, wie ratlos eine Mitarbeiterin von uns war, als ein Kunde sich über die nicht korrekte Rückgabe von Wechselgeld beschwerte. Zum Glück konnte ich die Situation bereinigen. In diesem Zusammenhang sollten wir auch eine Anleitung für die Ausstellung von Quittungen erstellen, da ich leider auch hier einige Probleme bei unseren Mitarbeitern erkannt habe.

K. List

Auftrag

Erarbeiten Sie in Gruppen „Kassieranweisungen für das Kassieren von Bargeld" (s. auch Arbeitsblatt 31.1).

Ausstellen von Quittungen

Beschriften Sie die Pfeile: Was muss die Quittung enthalten?

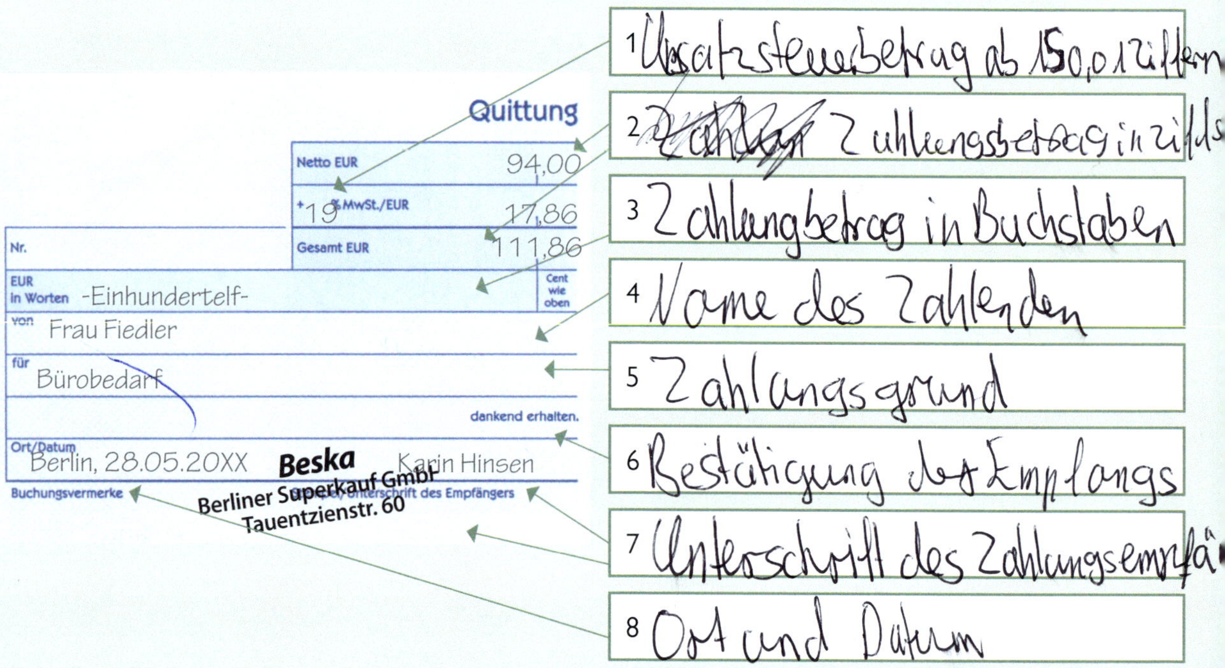

Arbeitsblatt 31.1 Kassieranweisung

Beska GmbH
Kassieranweisung für Bargeld

Beska
BERLINER SUPERKAUF GMBH

Grundsätzlich gilt:

Erst zahlung abwickeln dan

Folgender Kassierablauf ist einzuhalten:

1. Preiserfassung an der Kasse
2. Nennung des endpreises
3. empfang des Geldes vom Kunden und ablage des geldes
4. Prüfung und eingabe des erhalteren geld Betrages
5. Kasse berechnet das Rückgeld
6. ~~zahlun~~ Kassierer sortiert das erhalterem geld in die Kasse ein
7. Ware und Kassenbeleg werden an dem Kunden übergeben.

Aufgabe 1

Sie verkaufen in einer Sonderaktion für Ihre Warengruppe 01 Auslaufartikel. Dazu haben Sie auch eine mechanische Registrierkasse auf Ihrer Sonderfläche erhalten, da in der Nähe kein Datenanschluss vorhanden ist.

a) Die Kundin Anita Meier hat für insgesamt 125,90 € diverse Kosmetikartikel zum Sonderpreis gekauft und möchte darüber eine Quittung ausgestellt haben. Füllen Sie diese aus!

Quittung

Netto EUR 125,90€
\+ %MwSt./EUR 105,00€
Nr.
Gesamt EUR 125,90 €
EUR in Worten Hundertfünfundzwanzigneunzig — Cent wie oben
von Kosmetikartikel
für Anita Meier
dankend erhalten.
Ort/Datum Peine 6.2.16
Buchungsvermerke — Stempel/Unterschrift des Empfängers

b) Die Kosmetikerin Marlen Reif ist selbstständig mit eigenem Kosmetiksalon auf der Tauentzienstraße. Sie wird durch einen Flyer auf die Sonderaktion der Beska GmbH aufmerksam. Tatsächlich findet sie viele Kosmetikartikel, die sie für ihren Kosmetiksalon gut verwenden kann und kauft diese Artikel am 24.05.20XX im Gesamtwert von netto 453,00 €.

Quittung

Netto EUR 453000
\+ %MwSt./EUR 86,47
Nr.
Gesamt EUR 539,07 ~~453000~~
EUR in Worten fünfHundertneununddreißig — Cent wie oben
von
für Marlen Reif
dankend erhalten.
Ort/Datum Peine 6.2.16
Buchungsvermerke — Stempel/Unterschrift des Empfängers

c) Der Auszubildende Eduard Gripps hat für einen Stammkunden, den Frisörsalon Meier, Alte Landstr. 135, 10435 Berlin, folgende Artikel zum Bruttoverkaufspreis gekauft:
35 Flaschen Shampoo zu je 1,35 €, 15 Flaschen Kurpflege zu je 2,15 € und 20 Flaschen Spraygel zu je 3,65 €. Der Frisörsalon zahlt monatlich die Gesamtrechnung.

Erstellen Sie für diesen Verkauf die Rechnung. Sie haben an Ihrer Sonderfläche entsprechende Formulare, sodass Sie die Belege auch ohne Datenanschluss ausfüllen können.

Beska
BERLINER SUPERKAUF GMBH

Beska Berliner Superkauf GmbH . Tauentzienstraße 60 . 10789 Berlin

Tauentzienstraße 60
10789 Berlin

Telefon 030 936-0
Telefax 030 936-14
E-Mail info@Beska.de

Rechnungs-Nr.:

Rechnungsdatum:

Artikel-Nr.	Artikelbezeichnung	Stück	Einzelpreis (in €)	Rabatt (in %)	Gesamtpreis (in €)
	Shampo	35	1,35 €		
	Kurpflege	2,15	[illegible]	2,15	
	Spraygel	20	3,65		

Nettorechnungsbetrag	
+ Umsatzsteuer	
Bruttorechnungsbetrag	

Beska
Berliner Superkauf GmbH

Tauentzienstraße 60
10789 Berlin
Geschäftsführer
Klaus List

Telefon 030 936-0
Fax 030 936-14
E-Mail info@Beska.de
Web www.Beska.de

Handelsregister
Amtsgericht Berlin
HR B 98 72
Littenstr. 22–17
10117 Berlin

Finanzamt
Berlin Innenstadt
Siegstr. 235
10249 Berlin
USt-IdNr. DE136543107

Bankverbindungen
Deutsche Bank
BLZ 100 700 00
Konto 178 604 423

Bankgesellschaft Berlin
BLZ 100 200 00
Konto 103 016 402

Aufgabe 2
Füllen Sie für die dargestellten Barverkäufe jeweils ein Quittungsformular aus!

a) Peter Müller, Reifenhändler in Köln, kaufte am 12.12.20XX bei Klaus Schmitz, Autoteile Bonn, Motoröl für seinen Geschäftswagen im Wert von 126,00 €.

Quittung

	Netto EUR
	+ %MwSt./EUR
Nr.	Gesamt EUR
EUR in Worten	Cent wie oben
von	
für	
dankend erhalten.	
Ort/Datum	

Buchungsvermerke — Stempel/Unterschrift des Empfängers

b) Sabine Meier, Boutiquebesitzerin in Hamburg, kaufte am 10.01.20XX bei Jochen Hahn, Besitzer eines Schreibwarenhandels in Kiel, Druckerpapier für 368,00 €.

Quittung

	Netto EUR
	+ %MwSt./EUR
Nr.	Gesamt EUR
EUR in Worten	Cent wie oben
von	
für	
dankend erhalten.	
Ort/Datum	

Buchungsvermerke — Stempel/Unterschrift des Empfängers

Aufgabe 3
Wie verhalten Sie sich, wenn ein Kunde behauptet, dass Sie ihm bei einem Kaufpreis von 12,75 € auf einen 100-Euro-Schein zu wenig Wechselgeld herausgegeben haben?

Aufgabe 4
Erläutern Sie den Vorgang der Kassenabrechnung in Ihrem Ausbildungsbetrieb!

Aufgabe 5
Was verstehen Sie unter dem so genannten PLU-Verfahren? Welche Vorteile hat dieses Verfahren?

Lernsituation 32 Zahlungsformen

Kapitel 4

Situation

Hausmitteilung

Datum: ______________

Beska
BERLINER SUPERKAUF GMBH

Absender	Empfänger	Weiterverwendung
☒ Geschäftsleitung	☐ Geschäftsleitung	☐ zur Kenntnisnahme
☐ Verwaltung/Verkauf	☒ Verwaltung/Verkauf	☒ zur Erledigung
☐ Warengruppe ______	☐ Warengruppe ______	☐ zur Stellungnahme
☐ Frau/Herr ______	☐ Frau/Herr ______	

Bitte überprüfen Sie unsere bargeldlosen Zahlungssysteme hinsichtlich ihrer Vor- und Nachteile für unser Unternehmen, da wir in diesem Bereich eventuell Veränderungen hinsichtlich der Ausweitung oder der Reduzierung dieser Zahlungsarten planen.

K. List

Auftrag

Erstellen Sie eine Übersicht für alle Zahlungsformen. Nutzen Sie dazu das folgende Schema und das Arbeitsblatt 32.1.

Barzahlung	
Merkmale	
Vorteile für den Einzelhändler	Nachteile für den Einzelhändler
Vorteile für den Kunden	Nachteile für den Kunden

Arbeitsblatt 32.1 Bargeldlose Zahlungssysteme

Bargeldlose Zahlungssysteme					
	Merkmale	Vorteile		Nachteile	
		Kunde	Einzelhändler	Kunde	Einzelhändler
Geldkarte					
ELV					
POS					
Kreditkarte					

Arbeitblatt 32.2 Mögliche Zahlungsformen an der Kasse

Symbol/ Beleg	Zahlungsform	Zahlungs-garantie	Kosten für den Einzelhändler	Anweisungen für den Kassierer
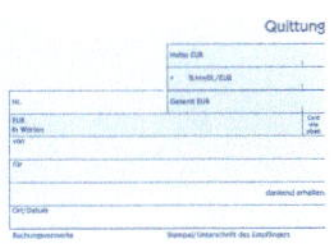				
GeldKarte				
ec				
electronic cash / girocard				
MasterCard				
VISA				

Aufgabe 1
Vervollständigen Sie das Ablaufschema zur Zahlungsabwicklung mit der Kreditkarte, indem Sie jeden Pfeil mit dem entsprechenden Zahlungsschritt beschriften. Nummerieren Sie die Pfeile entsprechend.

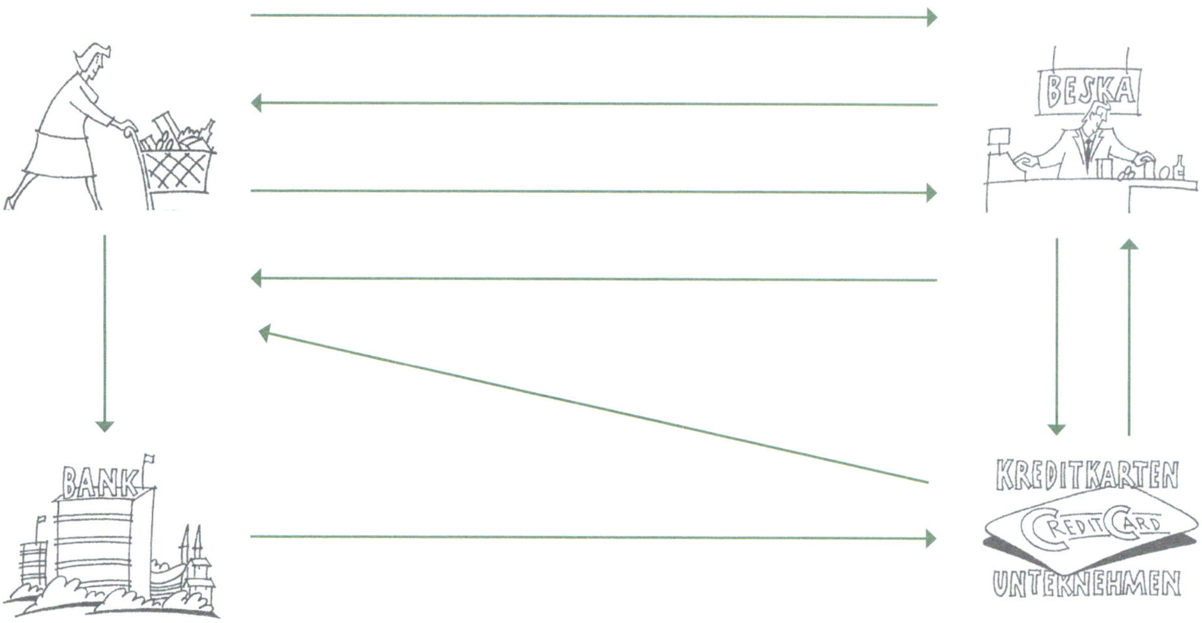

Aufgabe 2
Die Beska GmbH bietet ihren Kunden unterschiedliche Möglichkeiten der Bezahlung der gekauften Artikel an.

a) Erläutern Sie die bargeldlosen Zahlungsverfahren POS und ELV und gehen Sie auch auf die wesentlichen Unterschiede ein.

b) Warum entscheiden sich immer mehr Einzelhändler für die Bezahlung mit ELV und verzichten gleichzeitig auf die Bezahlung im POS-System?

c) Erläutern Sie den Ablauf der Bezahlung mit einer Kreditkarte.

d) Erklären Sie jeweils zwei Vorteile und Nachteile für den Einzelhändler bei der Bezahlung mit einer Kreditkarte.

e) Worin sehen Sie grundsätzliche Nachteile für den Kunden bei den bargeldlosen Zahlungsverfahren?

f) Wie verhalten Sie sich, wenn Sie Ihre Zahlungsverkehrskarte verloren haben und einen Missbrauch der Karte verhindern wollen?

Aufgabe 3
Wie jeden Morgen beginnt Ernst Ebersbach, sich sorgfältig auf seine Arbeit an der Kasse in der Beska GmbH vorzubereiten. Ab heute ist es zusätzlich möglich, in der Beska GmbH mit einer Geldkarte zu zahlen. Herr Eberbach ist davon nicht ganz so angetan und denkt nur: „Na toll, das habe ich doch noch nie gemacht! Und überhaupt, wer braucht schon eine Geldkarte!“
Kurze Zeit später will die Kundin Grit Meiker ihren Einkauf über 18,44 Euro bezahlen. Sie spricht Herrn Ebersbach auf die Zahlung mit der Geldkarte an. Herr Ebersbach wird nervös. Er bittet Frau Meiker, den Kaufbetrag am Lesegerät zu bestätigen und hilft ihr beim richtigen Einschieben der Karte. Plötzlich ist auf der Anzeige des Kassenterminals zu lesen: *„Kein Guthaben!“*
Frau Meiker ist sauer: „Also nein, das kann ja wohl nicht stimmen. Ich bin mir sicher, dass mein Girokonto ein Guthaben aufweist. Da müssen Sie irgendetwas falsch gemacht haben. Kennen Sie sich damit überhaupt aus?“ Hier weiß Herr Ebersbach absolut nicht weiter.

a) Sammeln Sie mit Ihrem Partner Vorschläge, was Herr Ebersbach tun kann.

b) Was sollte sich Herr Ebersbach zur Bezahlung mit einer Geldkarte merken? Was ist das Besondere an der Geldkarte?

Lernsituation 33 Berechnung der Umsatzsteuer

Kapitel 5

Situation

Herr Ludwig arbeitet in einem kleinen Software-Unternehmen und ist ein Stammkunde bei der Beska GmbH. Er hat in der Lebensmittelabteilung die Zusammenstellung eines Gourmetkorbes mit italienischen Spezialitäten in Auftrag gegeben. Es soll ein Abschiedsgeschenk von seinem Chef und der gesamten Belegschaft für einen langjährigen Kollegen werden, einen Italienliebhaber und leidenschaftlichen Hobbykoch. Die Auswahl der Waren hat der Auszubildende Abdu Özbek in Absprache mit Herrn Ludwig getroffen und darüber eine Liste mit allen Auszeichnungspreisen angelegt.

Der Korb soll morgen Nachmittag gegen 15:00 Uhr frei Haus auf Rechnung an die software GmbH geliefert werden. Die Beska gewährt auf den Rechnungsbetrag 2 % Skonto bei Bezahlung innerhalb von 5 Tagen, das Zahlungsziel beträgt 14 Tage.

Der Kunde wünscht eine Rechnung über den Gesamtbetrag. Die Zusammenstellung und Dekoration des Korbes ist eine kostenlose Serviceleistung der Beska.

Gourmetkorb für Herrn Dieter Ludwig
Liefer- und Rechnungsadresse: software GmbH, Am Siemensturm 14, 14255 Berlin

Artikelbezeichnung	Umsatzsteuer	Verkaufspreis (brutto)
1 Cetolli Antipasti Zucchini	7 %	2,59 €
1 Antipasti Oliven (mit Paprika)	7 %	3,19 €
1 Berilla Nudeln, Tagliatelle	7 %	2,49 €
1 Pesto verde (Würzpaste)	7 %	2,79 €
1 Pesto Di Ricotta (Würzpaste)	7 %	2,79 €
1 Fl. Rotwein, Barbaresco	19 %	16,90 €
1 Servietten	19 %	3,50 €
1 Knabbergebäck Crostini	7 %	1,25 €
1 Pannetone (Kuchen)	7 %	9,90 €
1 Caffé Crema, Kaffeepads	7 %	2,69 €
1 Gebäck Amarettini	7 %	2,90 €
1 Kochbuch “Buon appetito”	7 %	9,90 €
1 Fl. Grappa Grande (Branntwein)	19 %	28,90 €
1 Schürze “Cucina Italia”	19 %	15,00 €
1 Ofenhandschuh “Al Forno”	19 %	8,50 €
1 Krug Aceto Balsamico (Essig)	7 %	7,90 €
1 Krug Olivenöl extra vergine	7 %	10,95 €
1 Fl. Cinzini Prosecco	19 %	6,50 €
1 Schmuckdose Bucci Perochina Pralinen	19 %	13,50 €

Aufträge

1. Berechnen Sie die Umsatzsteueranteile für die einzelnen Artikel und tragen Sie Ihre Ergebnisse in die Tabelle auf der folgenden Seite ein.
2. Erstellen Sie für den Kunden eine Rechnung.
3. Die software GmbH bezahlt die Rechnung innerhalb der Skontierungsfrist.
   a) Wie viel Euro muss der Kunde an die Beska überweisen?
   b) Welche Auswirkung ergibt sich durch den geringeren Rechnungsbetrag für den Umsatzsteuerbetrag? Legen Sie ggf. die Höhe in Euro fest.

Arbeitsblatt 33.1 Berechnung der Umsatzsteuer

Artikelbezeichnung	19 % USt (€)	Artikelbezeichnung	7 % USt (€)
Summe		Summe	

Beska
BERLINER SUPERKAUF GMBH

Beska Berliner Superkauf GmbH . Tauentzienstraße 60 . 10789 Berlin

Tauentzienstraße 60
10789 Berlin

Telefon 030 936-0
Telefax 030 936-14
E-Mail info@Beska.de

Rechnungs-Nr.: Rechnungsdatum:

Artikelbezeichnung	Stück	Einzelpreis (in €)	Gesamtpreis (in €)

Nettorechnungsbetrag	
+ Umsatzsteuer	
Bruttorechnungsbetrag	

Aufgabe 1
Auf der Eingangsrechnung E 61 ist ein Umsatzsteueranteil von 376,32 € ausgewiesen. Der Umsatzsteuersatz beträgt 19 %. Wie viel Euro beträgt der Nettoeinkaufspreis?

Aufgabe 2
Die Beska GmbH verkauft im Weihnachtsgeschäft in der Spielwarenabteilung ein Kinderliederbuch mit dazugehöriger Lieder-CD. Der Einkaufspreis des Buches beträgt netto pro Stück 21,50 €. Die Lieder-CD kostet im Einkauf 1,39 € das Stück. Wie hoch ist der Bruttoverkaufspreis dieses Artikels?

Aufgabe 3
Ordnen Sie folgenden Waren/Leistungen die Umsatzsteuersätze 19 % und 7 % zu!

a) Schnittblumen
b) 3-Zonen-Busticket
c) 250 g Margarine
d) Zugticket (Zielort ist 150 km entfernt vom Abfahrtsbahnhof)
e) Konzertkarte für Peter Fox
f) 250 g Spaghetti
g) Bier
h) Kaffee
i) Drive-in-Essen eines Schnellrestaurants
j) Essen in dem Schnellrestaurant McDuck
k) Buch: Ausbildung im Einzelhandel, Cornelsen Verlag

Aufgabe 4
Die Beska GmbH erhält die nachfolgende Rechnung:

Feinpapier AG

Feinpapier AG – An der Gohrsmühle 12 – 51465 Bergisch Gladbach

Telefon: 0211 662863-0
Fax: 0211 662863-75
e-mail: vertrieb@papiermuehle.de
USt-IdNr.: DE 112 226 897

Beska GmbH
Tauentzienstr. 60
10789 Berlin

Rechnung

Wir lieferten frachtfrei:

Pos.	Menge	Artikel	Einzelpreis	Rabatt	Gesamtpreis
1	400	Briefbögen + 19% USt	0,30 €	12 %	108,70 € 20,65 € **129,35 €**

Der Rechnungsbetrag ist innerhalb von 15 Tagen mit 2,5 % Skonto oder nach spätestens 30 Tagen ohne Abzug zu begleichen.

Bankverbindung: Commerzbank Mönchengladbach, **Konto-Nr.** 333 442 987, BLZ 330 400 15

a) Prüfen Sie die obige Rechnung auf ihre Richtigkeit und korrigieren Sie sie notfalls.
b) Wie hoch ist der Bruttoverkaufspreis bei Zahlung nach 30 Tagen?
c) Wie hoch ist der Bruttoverkaufspreis bei Inanspruchnahme von Skonto?

Aufgabe 5
Die Beska GmbH hat von der Pflege GmbH Starnberg eine Rechnung erhalten.

Ware, netto	34.050,00 €
+ 19 % Umsatzsteuer	? €
Rechnungsbetrag	? €

Die Zahlungsbedingungen lauten: Zahlbar innerhalb von 10 Tagen mit 3 % Skonto oder spätestens nach 40 Tagen ohne Abzug.
Berechnen Sie den Nettoskontoabzug. Wie verändert sich jetzt der Wert der zu zahlenden Steuerschuld? Berechnen Sie diesen.

Aufgabe 6
Ergänzen Sie folgende Tabelle:

Nettoeinkaufspreis	USt 7 %	USt 19 %	Bruttoverkaufspreis
2.245,89 €	---		
		---	658.549,12 €
	23,44 €		
		65.900,00 €	

Aufgabe 7
Ergänzen Sie den unten aufgeführten Kassenbon der Beska GmbH.

Beska
BERLINER SUPERKAUF GMBH
10789 Berlin
Tauentzienstr. 60
Telefon 030 936-0

BON-NR. 220220

Damenpullover	69,90 €
5 Flaschen Sekt	49,70 €
Bohrhammer	149,90 €
Herren-Armbanduhr	79,90 €
Niva Creme 150 ml	1,99 €

SUMME EUR ?

MwSt	?
Brutto	?

Vielen Dank für Ihren Einkauf!
22.08.20XX 14:54

USt-IdNr: DE 136543107

Aufgabe 8
Ein Kunde der Beska GmbH aus Mozambique ist für zwei Monate in Berlin und kauft für den eigenen Gebrauch eine Digitalkamera im Wert von 249,99 € inkl. 19 % Umsatzsteuer.

a) Wann ist dieser Kunde berechtigt, von der Umsatzsteuer befreit zu werden?

b) Füllen Sie nach der Überprüfung der Berechtigung zur Umsatzsteuerbefreiung für diesen Kunden den Vordruck auf der folgenden Seite aus.

Abb. zu Aufgabe 8

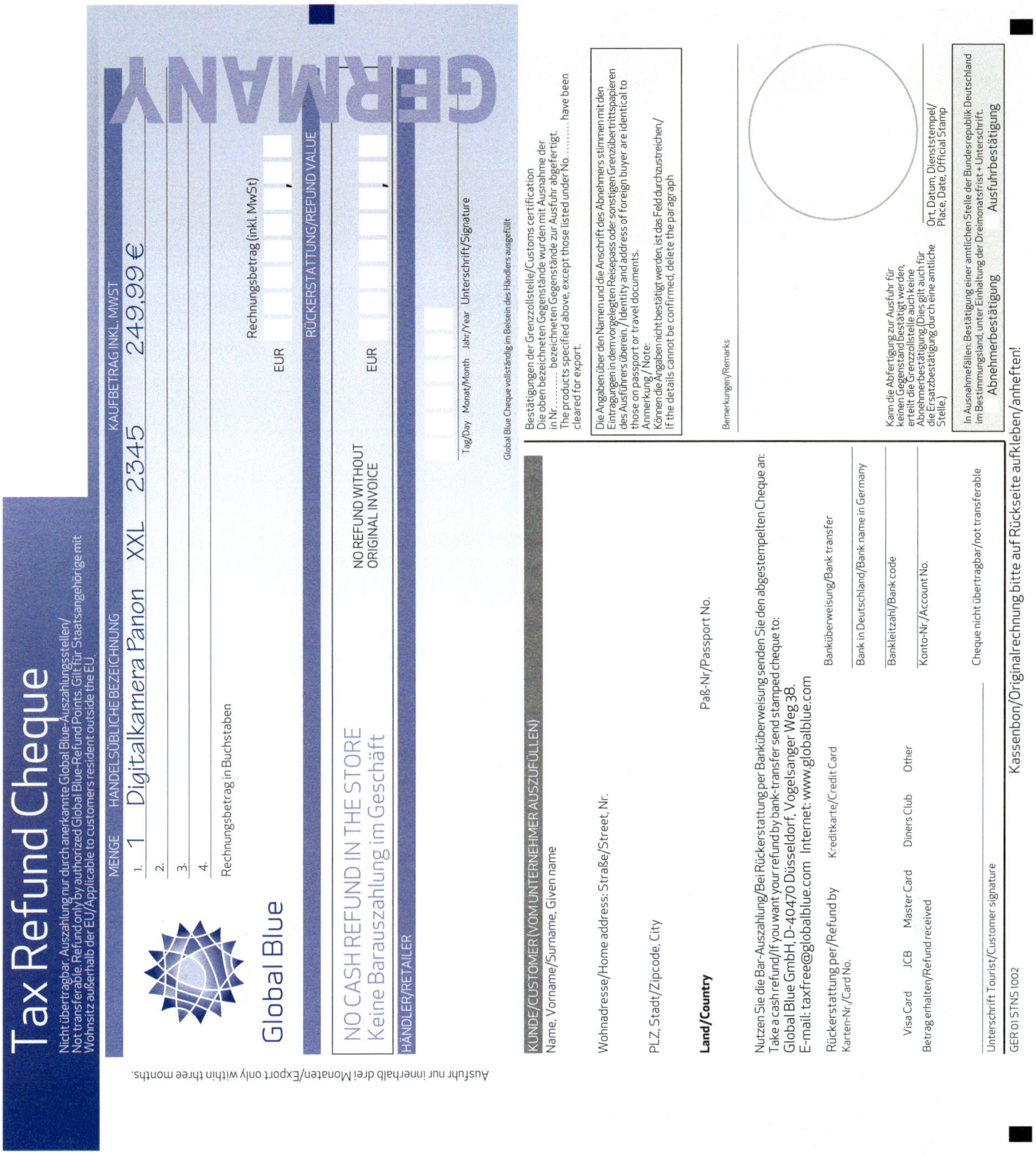

Tax Refund Cheque

Nicht übertragbar. Auszahlung nur durch anerkannte Global Blue-Auszahlungsstellen/
Not transferable. Refund only by authorized Global Blue-Refund Points. Gilt für Staatsangehörige mit Wohnsitz außerhalb der EU/Applicable to customers resident outside the EU.

Global Blue

GERMANY

MENGE	HANDELSÜBLICHE BEZEICHNUNG	KAUFBETRAG INKL. MWST
1. 1	Digitalkamera Panon XXL 2345	249,99 €
2.		
3.		
4.		

Rechnungsbetrag in Buchstaben

Rechnungsbetrag (inkl. MwSt)
EUR ___ , __

RÜCKERSTATTUNG/REFUND VALUE

NO CASH REFUND IN THE STORE
Keine Barauszahlung im Geschäft

NO REFUND WITHOUT ORIGINAL INVOICE

EUR ___ , __

HÄNDLER/RETAILER

Tag/Day Monat/Month Jahr/Year Unterschrift/Signature

Global Blue Cheque vollständig im Beisein des Händlers ausgefüllt

Ausfuhr nur innerhalb drei Monaten/Export only within three months.

KUNDE/CUSTOMER (VOM UNTERNEHMER AUSZUFÜLLEN)

Name, Vorname/Surname, Given name

Wohnadresse/Home address: Straße/Street, Nr.

PLZ, Stadt/Zipcode, City

Land/Country

Paß-Nr/Passport No.

Nutzen Sie die Bar-Auszahlung/Bei Rückerstattung per Banküberweisung senden Sie den abgestempelten Cheque an:
Take a cash refund/If you want your refund by bank-transfer send stamped cheque to:
Global Blue GmbH, D-40470 Düsseldorf, Vogelsanger Weg 38.
E-mail: taxfree@globalblue.com Internet: www.globalblue.com

Rückerstattung per/Refund by
Kreditkarte/Credit Card
Karten-Nr./Card No.

Visa Card JCB Master Card Diners Club Other

Betrag erhalten/Refund received

Banküberweisung/Bank transfer

Bank in Deutschland/Bank name in Germany

Bankleitzahl/Bank code

Konto-Nr./Account No.

Unterschrift Tourist/Customer signature

Cheque nicht übertragbar/not transferable

Bestätigungen der Grenzzollstelle/Customs certification
Die oben bezeichneten Gegenstände wurden mit Ausnahme der in Nr. .... bezeichneten Gegenstände zur Ausfuhr abgefertigt.
The products specified above, except those listed under No. .... have been cleared for export.

Die Angaben über den Namen und die Anschrift des Abnehmers stimmen mit den Eintragungen in dem vorgelegten Reisepass oder sonstigen Grenzübertrittspapieren des Ausführers überein./Identity and address of foreign buyer are identical to those on passport or travel documents.
Anmerkung/Note:
Können die Angaben nicht bestätigt werden, ist das Feld durchzustreichen/
If the details cannot be confirmed, delete the paragraph

Bemerkungen/Remarks

Kann die Abfertigung zur Ausfuhr für keinen Gegenstand bestätigt werden, erteilt die Grenzzollstelle auch keine Abnehmerbestätigung (Dies gilt auch für die Ersatzbestätigung durch eine amtliche Stelle.)

Ort, Datum, Dienststempel/
Place, Date, Official Stamp

In Ausnahmefällen: Bestätigung einer amtlichen Stelle der Bundesrepublik Deutschland im Bestimmungsland, unter Einhaltung der Dreimonatsfrist + Unterschrift.
Abnehmerbestätigung Ausfuhrbestätigung

GER 01 STNS 1002

Kassenbon/Originalrechnung bitte auf Rückseite aufkleben/anheften!

Kapitel 6.1, 6.2

Lernsituation 34 Rechtliche Rahmenbedingungen

Situation

Hausmitteilung

Datum: ______________

Beska
BERLINER SUPERKAUF GMBH

Absender	Empfänger	Weiterverwendung
[X] Geschäftsleitung	[ ] Geschäftsleitung	[ ] zur Kenntnisnahme
[ ] Verwaltung/Verkauf	[ ] Verwaltung/Verkauf	[X] zur Erledigung
[ ] Warengruppe ______	[X] Warengruppe 05	[ ] zur Stellungnahme
[ ] Frau/Herr ______	[ ] Frau/Herr ______	

Beiliegender Brief eines Kunden ist heute Vormittag eingetroffen. Bitte klären Sie den rechtlichen Hintergrund und nehmen Sie schriftlich Kontakt mit Herrn Gentsch auf. Bitte bedenken Sie, dass jeder Kunde für uns wichtig ist!!!
K. List

Uwe Gentsch
Kennedyallee 35
10116 Berlin

Berliner Superkauf GmbH
Tauentzienstr. 60
10789 Berlin

Spielkonsole Mikendo 456 CL Berlin, 29.06.20XX

Sehr geehrte Damen und Herren,

letzten Mittwoch kam ich nach einer anstrengenden Nachtschicht erschöpft nach Hause und fand meinen 13-jährigen Sohn völlig übermüdet vor dem Fernseher, beschäftigt mit der Spielkonsole Mikendo 456 CL.

Diese Spielkonsole war in unserer Familie seit Wochen ein Thema, mein Sohn wollte dieses Spielzeug unbedingt haben, meine Frau und ich waren aber dagegen, da wir von solchen Spielen nicht sehr viel halten, zumal dieses Gerät auch 199,00 € kostet, was in unseren Augen zu teuer ist!

Mir stellte sich natürlich die Frage: Wie kommt mein Sohn Felix trotz unseres Verbotes an dieses Gerät? Felix beichtete mir dann, dass er seine Spardose mit dem Weihnachts- und Geburtstagsgeld seiner Großeltern „geplündert" und sich damit auf den Weg in die Spielzeugabteilung der Beska GmbH gemacht hat. Dort hat er einen supernetten Verkäufer angetroffen, der ihm das Spiel und die Installation genauestens erklärt und zusätzlich noch tolle Spieltipps auf Lager gehabt hat!

Abgesehen von meiner gestörten Nachtruhe bin ich über Ihr mangelndes pädagogisches Fingerspitzengefühl entsetzt. Wie können Sie einem 13-Jährigen ohne Begleitung seiner Eltern so ein zweifelhaftes Spielzeug verkaufen???

Hiermit fordere ich Sie auf, das Spiel Mikendo 456 CL zurückzunehmen! Andernfalls behalte ich mir vor, rechtliche Schritte gegen Sie einzuleiten. Ob Sie mich jemals wieder als Kunden bei Ihnen begrüßen dürfen, wage ich momentan zu bezweifeln!

Hochachtungsvoll

Uwe Gentsch
Uwe Gentsch

Beska
BERLINER SUPERKAUF GMBH

Beska Berliner Superkauf GmbH . Tauentzienstraße 60 . 10789 Berlin

Tauentzienstraße 60
10789 Berlin

Telefon 030 936-0
Telefax 030 936-14
E-Mail info@Beska.de

Ihr Zeichen, Ihre Nachricht vom   Unser Zeichen, unsere Nachricht vom   Telefon 030 936-0   Datum

Beska
Berliner Superkauf GmbH

Tauentzienstraße 60
10789 Berlin
Geschäftsführer
Klaus List

Telefon 030 936-0
Fax 030 936-14
E-Mail info@Beska.de
Web www.Beska.de

Handelsregister
Amtsgericht Berlin
HR B 98 72
Littenstr. 22–17
10117 Berlin

Finanzamt
Berlin Innenstadt
Siegstr. 235
10249 Berlin
USt-IdNr. DE136543107

Bankverbindungen
Deutsche Bank
BLZ 100 700 00
Konto 178 604 423

Bankgesellschaft Berlin
BLZ 100 200 00
Konto 103 016 402

Arbeitsblatt 34.1 Geschäftsfähigkeit

Rechtssubjekte (natürliche Personen)

Geschäftsunfähigkeit	beschränkte Geschäftsfähigkeit	volle Geschäftsfähigkeit

rechtliche Wirkung

Die Rechtsgeschäfte sind vollständig wirksam.

Aufgabe 1
Kann der beschränkt Geschäftsfähige in folgenden Fällen nur mit einer Zustimmung des gesetzlichen Vertreters Geschäfte abschließen?

a) Ein Jugendlicher erwirbt von seinem Taschengeld eine DVD.
b) Ein Jugendlicher nimmt eine Schenkung an, die ihn zu nichts verpflichtet.
c) In einem Kreditinstitut fragt ein Jugendlicher nach einem Darlehen für ein Schlagzeug.
d) Ein Jugendlicher möchte von seinem Taschengeld an einem Tauchkurs teilnehmen.
e) In seinem Ausbildungsbetrieb verkauft ein Jugendlicher einer Dame Waren im Wert von 1.500,00 €.

Aufgabe 2
Was verstehen Sie unter einer juristischen Person?

Aufgabe 3
Ordnen Sie folgende juristische Personen
1) dem öffentlichen Recht oder
2) dem privaten Recht zu.

a) Rechtsanwaltskammer
b) Vereinslokal des Kegelclubs „Gut Holz"
c) Ärztekammer
d) Bundesrepublik Deutschland
e) das Land Berlin
f) das Land Nordrhein-Westfalen
g) Stille Gesellschaft
h) Gesellschaft des bürgerlichen Rechts (GbR)
i) Forstgenossenschaft
j) Handwerkskammer
k) eingetragener Verein (e. V.)
l) Kommanditgesellschaft auf Aktien (KGaA)
m) Sparkassenverband

Aufgabe 4
Drei Monate nach der Geburt von Jan stirbt die vermögende Tante Helena und vermacht Jan ihr ganzes Vermögen (zwei große Wohnhäuser und 650.000,00 €). Kann Jan Erbe werden? Begründen Sie Ihre Meinung.

Aufgabe 5
Der 17-jährige Christoph lässt sich ohne Wissen seiner Eltern von einem Vertreter zur Bestellung eines zehnbändigen Handbuches über Betriebswirtschaftslehre überreden. Der Gesamtpreis beträgt 125,00 €. Ist der Kaufabschluss rechtsgültig?

Aufgabe 6
Kann Heiko, 17 Jahre, das Geschäft seiner Mutter, die vor kurzem einen Herzinfarkt erlitten hat, in voller Alleinverantwortung übernehmen? (Begründung!)

Aufgabe 7
Heiko entschließt sich nach kurzer Zeit, mit dem verdienten Geld aus dem Geschäft ein Ferienhaus auf Mallorca zu kaufen, und schließt mit einem Makler einen Kaufvertrag ab.
Überprüfen Sie die Gültigkeit dieses Kaufvertrages und begründen Sie Ihre Entscheidung!

Aufgabe 8
Welches der folgenden Rechtsgeschäfte ist gültig?

a) Der minderjährige Auszubildende Jakob kauft sich von seiner Ausbildungsvergütung ein Mountainbike. Die Eltern sind damit einverstanden.
b) Die 17-jährige Schülerin Bettina schließt einen Ratenvertrag ab, damit sie sich eine Stereoanlage kaufen kann.
c) Der 15-jährige Ben bekommt von seinem Onkel 500,00 Euro geschenkt. Der Onkel möchte, dass er das Geld auf einem Sparkonto anlegt. Ben kauft sich von dem Geld stattdessen schicke Klamotten.
d) Die 10-jährige Marie kauft sich von ihrem über Monate angesparten Geld das Puppenhaus von Playmobil.
e) Der 5-jährige Tom kauft sich von seinem kleinen Taschengeld eine Tüte Pommes frites.

Kapitel 6.3 bis 6.8 Lernsituation 35 Rechtsgeschäfte

Situation

Miriam Jacobi ist Kundin der Beska GmbH. Heute macht sie sich auf die Suche nach einem wunderschönen Kleid anlässlich der Hochzeit ihrer Schwester Nina. Nach stundenlangem Stöbern ist sie endlich fündig geworden und marschiert zielstrebig mit dem Kleid zur Kasse. Dort bedient sie Herr Andres, Verkäufer bei der Beska GmbH.

Miriam Jacobi: Hallo. Endlich, ich habe es geschafft! Dieses Kleid nehme ich!
Jan Andres: Guten Tag! Das freut mich für Sie.

Jan Andres fährt mit dem elektrischen Lesestift über das Etikett. In der Anzeige der Computerkasse erscheint aber nicht der ausgezeichnete Preis von 59,90 €, sondern ein Preis von 159,90 €.

Jan Andres (schaut verwundert): Oh, das Kleid ist wohl falsch ausgezeichnet worden. Der tatsächliche Preis ist 159,90 €.
Miriam Jacobi (sehr aufgebracht): Das glaube ich jetzt nicht! Ich habe mir das Kleid für 59,90 € ausgesucht und zu diesem Preis werde ich das Kleid auch kaufen! Auf etwas anderes lasse ich mich auf keinen Fall ein … !

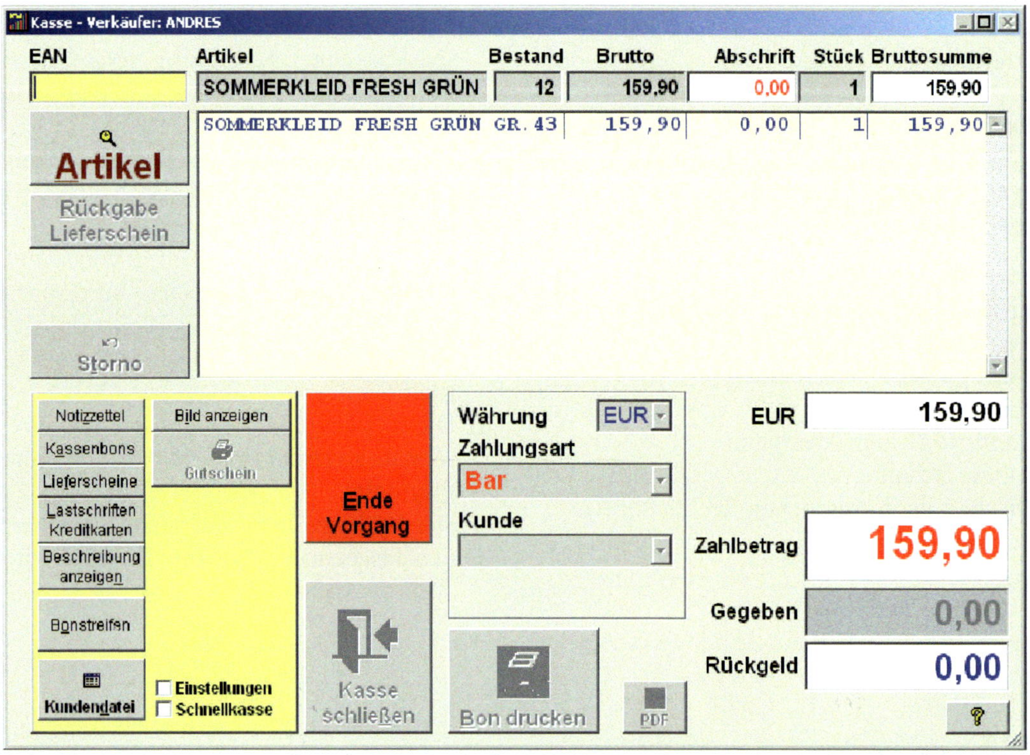

Aufträge

1. Beurteilen Sie die Rechtslage für das vorliegende Verkaufsgespräch aus der Sicht der Beska GmbH und halten Sie Ihr Ergebnis schriftlich fest.
2. Begründen Sie Ihre Ausarbeitung mit Hilfe Ihres Buches Fachkunde und des Bürgerlichen Gesetzbuches (BGB).

Arbeitsblatt 35.1 Rechtsgeschäfte

Rechtsgeschäfte

einseitig		**mehrseitig**	
Einseitige Rechtsgeschäfte die durch die Willenserklärung einer Person ensteht		mehrseitige Rechtsgeschäfte, die durch die übereinstimmende Willenserklärung von min. zwei Person entstehen.	
empfangsbedürftig	nichtempfangsbedürftig	einseitig verpflichtende	beidseitig verpflichtende
Kündigung	Testament	Schenkung	Kauf / Miete

Arbeitsblatt 35.2 Kaufvertrag

Verpflichtungs- und Erfüllungsgeschäft beim Kaufvertrag

Verträge kommen zu Stande durch zwei übereinstimmende Willenserklärungen.

Verkäufer → 1. Willenserklärung: Antrag → **Käufer**

Käufer → 2. Willenserklärung: Annahme → **Verkäufer**

Abschluss des Kaufvertrages

1. Verkäufer: verbindliches Angebot(Antrag

2. Käufer: Bestellung = Annahme

oder

1. Käufer: Unverbindliches Angebot= Kein Antrag

2. Verkäufer: Bestellung = Antrag

Die Vertragspartner verpflichten sich zu bestimmten Leistungen.

Verpflichtungsgeschäft

Pflichten des Verkäufers

Bestellte Ware mangel frei und rechtzeitig liefern dem Kunden das Eigentum an der Ware verschaffen den vereinbarten Kaufpreis annehmen

Pflichten des Käufers

Die Ware abnehmen den vereinbarten Kaufpreis rechtzeitig bezahlen.

Erfüllungsgeschäft

Die Erfüllung der im Verpflichtungsgeschäft eingegangenen Pflichten erfolgt im Erfüllungsgeschäft. Der Kaufvertrag ist erfüllt wenn: Der Käufer Besitz und Eigentum am Kaufgegenstandes auf den Käufer übertragen und den Kaufpreis bezahlt hat

Arbeitsblatt 35.3 Vertragsfreiheit

Vertragsfreiheit

Abschlussfreiheit	**Inhalts-/Gestaltungsfreiheit**	**Formfreiheit**
Die Absendungsfreiheit steht es jeder geschäftsfähigen Personen frei, zu entscheiden, ob und mit wem er einen Vertrag abschließt		

Einschränkungen der Vertragsfreiheit durch

Abschlusszwang	**zwingende rechtliche Vorschriften**	**Formvorschriften**
		Schriftform: öffentliche Beglaubigung: notarielle Beurkundung:

Aufgabe 1 Anfechtbarkeit von Rechtsgeschäften

anfechtbares Rechtsgeschäft	Aus welchem Grund ist das Rechtsgeschäft anfechtbar?
Ein Verkäufer verkauft versehentlich einen Laminatboden für 8,60 €/m² statt für 18,60 €/m².	
Eine Auszubildende notiert bei der Entgegennahme einer Bestellung eine falsche Bestellmenge.	
Eine Verkäuferin verkauft unabsichtlich eine Imitation als echten Goldschmuck.	
Ein Jugendlicher verkauft seinem Freund eine schon mehrfach abgespielte DVD als neu.	
Ein Hausierer zwingt eine ältere Frau zum Kauf von zehn Postkarten für 29,00 €.	

Aufgabe 2 Nichtigkeit von Rechtsgeschäften

nichtiges Rechtsgeschäft	Aus welchem Grund ist das Rechtsgeschäft nichtig?
Ein Sechsjähriger kauft nach der Schule einen Schokoriegel.	
Ein stark angetrunkener Kunde kauft eine Digitalkamera.	
Eine Dreizehnjährige kauft ohne Wissen ihrer Eltern ein Handy für 100,00 €.	
Ein Kunde hat für 45,00 € Schreibwaren gekauft. Er lässt sich eine Quittung über 98,00 € ausstellen.	
Ein über sein reparaturanfälliges Fahrzeug verärgerter Kunde sagt: „Die Karre können Sie geschenkt haben."	
Ein Fünfzehnjähriger kauft eine Flasche Champagner.	
Ein Abteilungsleiter kauft eine Ferienwohnung ohne notarielle Beurkundung des Vertrages.	
Eine Achtzehnjährige kauft eine Waschmaschine auf Raten zu deutlich überhöhten Zinskonditionen.	

Aufgabe 3
Erklären Sie, wie in den folgenden Fällen ein Kaufvertrag zu Stande kommt, indem Sie den jeweiligen Handlungen des Verkäufers und des Käufers die Begriffe Antrag und Annahme zuordnen!

a) Frau Löchel, Verkäuferin in der Spielwarenabteilung, bietet in einem Verkaufsgespräch einer Kundin das Mucky Dreirad für 89,90 € an. Die Kundin antwortet: „Ja, ich nehme das Dreirad."

b) Konstantin Romanos bestellt bei Zanders Feinpapiere AG eine Palette Kopierpapier. Die Zanders Feinpapiere AG liefert drei Tage später die Ware an.

Aufgabe 4
Wer ist in den folgenden Fällen Besitzer und wer Eigentümer der Sache?

a) Sie leihen sich von einem Mitschüler eine CD aus.
b) Herr Schmitz hat von Herrn Lippert eine 3-Zimmer-Wohnung gemietet.
c) Sie kaufen sich ein neues Fahrrad und zahlen bar.
d) Silvia benötigt dringend Geld, damit sie mit ihrem Freund in Urlaub fliegen kann. Deshalb verpfändet sie ihren Blue-ray-Player an Tom und erhält von ihm dafür 1.000,00 €.
e) Dirk gibt an der Garderobe der Diskothek „Hexenkessel" seine Lederjacke ab. Dafür zahlt er der Garderobenfrau 1,00 €.
f) Herr Schlömer least einen Neuwagen für 25.000,00 € im Autohaus WV.

Aufgabe 5
Überprüfen Sie im Rahmen der Vertragsfreiheit folgende Fälle und begründen Sie Ihre Ansicht mit den Aspekten Abschlussfreiheit, Abschlusszwang!

a) Ein Kunde interessiert sich für einen Kerzenständer. Der Verkäufer weigert sich aber, dem Kunden den Kerzenständer zu verkaufen, mit der Begründung, dass dies sein letztes Exemplar sei. Ist das Verhalten des Verkäufers rechtens?

b) Ein Apotheker weigert sich, einem Kunden das von ihm benötigte Insulin zu verkaufen.
Ist das Verhalten des Verkäufers rechtens?

c) Herr Schmolke möchte die Wohnung von Herrn Lippert mieten. Dieser weigert sich, an Herrn Schmolke zu vermieten, da dieser Raucher ist. Ist das Verhalten des Vermieters rechtens?

d) Herr Schmolke hat eine neue Wohnung bezogen und möchte seinen Stromanschluss anmelden. Das Stromunternehmen weigert sich, Herrn Schmolke als Kunden anzunehmen.
Ist das Verhalten des Verkäufers rechtens?

Aufgabe 6
Unterscheiden Sie beim Kaufvertrag das Verpflichtungsgeschäft vom Erfüllungsgeschäft und erklären Sie, wann der Kaufvertrag erfüllt ist!

Aufgabe 7
Welcher Unterschied besteht zwischen dem Besitzer und dem Eigentümer einer Sache?

Aufgabe 8
Warum hat der Gesetzgeber für verschiedene Rechtsgeschäfte Formvorschriften verankert?

Aufgabe 9
Entscheiden Sie, ob folgende Rechtsgeschäfte gültig, nichtig oder anfechtbar sind, und begründen Sie kurz!

a) Klaus Ziegler sagt während eines Verkaufsgespräches zu einem Kunden: „Diese Bohrmaschine von Posch bekommen Sie bei uns wirklich für einen Appel und ein Ei." Der Kunde möchte an der Kasse mit einem Apfel und einem Ei bezahlen.

b) Die 4-jährige Lucca verkauft ihren Puppenwagen für 5 €.

c) Regina Pech kauft einen Gebrauchtwagen. Bei der ersten Inspektion stellt die Werkstatt fest, dass es sich um einen Unfallwagen handelt. Im schriftlichen Kaufvertrag wurde das Fahrzeug als unfallfrei erklärt.

d) Frau Pingel tippt ihr Testament, damit es gut lesbar ist, mit der Schreibmaschine ab und unterschreibt es eigenhändig.

e) Kunde Maus kauft einen PC ohne schriftlichen Vertrag. Nach drei Monaten stellt sich heraus, dass er für seine Zwecke einen viel zu kleinen Arbeitsspeicher gewählt hat.

f) Der Verkäufer Ziegler versendet an einen Kunden ein schriftliches Angebot für eine Schlagbohrmaschine. Versehentlich schreibt er als Angebotspreis 255,99 € statt 299,55 €.

Aufgabe 10

Ordnen Sie die folgenden Rechtsgeschäfte den unterschiedlichen Arten von Rechtsgeschäften zu.

Rechtsgeschäft	einseitiges Rechtsgeschäft	mehrseitiges Rechtsgeschäft	nicht empfangsbedürftige Willenserklärung	empfangsbedürftige Willenserklärung
a) Mietvertrag	☐	☐	☐	☐
b) Testament	☐	☐	☐	☐
c) Kündigung	☐	☐	☐	☐
d) Kaufvertrag	☐	☐	☐	☐

Aufgabe 11

Kreuzen Sie die gesetzlich vorgeschriebene Form für das jeweilige Rechtsgeschäft an!

Rechtsgeschäft	formfrei	Schriftform	öffentliche Beglaubigung	notarielle Beurkundung
a) Frau Putzig kauft ihren Geschirrspüler auf Raten.	☐	☐	☐	☐
b) Karl Protz kauft ein neues Motorrad und zahlt bar.	☐	☐	☐	☐
c) Bauer Kohl verkauft einen Acker an seinen Nachbarn.	☐	☐	☐	☐
d) Martin Stift schließt einen Ausbildungsvertrag ab.	☐	☐	☐	☐
e) Onkel Ludwig setzt sein Testament auf.	☐	☐	☐	☐
f) Frau Schenker verspricht, dass sie ihrem Neffen zu seinem 18. Geburtstag 10.000 € schenken wird.	☐	☐	☐	☐

Aufgabe 12
Mit Ihren Kenntnissen zum Kaufvertrag sind Sie nun in der Lage, die rechtliche Situation in den folgenden Verkaufsgesprächen zu beurteilen. Kennzeichnen Sie die Aussagen jeweils mit den entsprechenden Ziffern.

[1] Antrag
[2] Annahme eines Antrages
[3] Ablehnung eines Antrages
[4] Ablehnung eines Antrages, verbunden mit einem neuen Antrag
[5] keine für das Zustandekommen eines Kaufvertrages notwendige Willenserklärung

Verkaufsgespräch 1

a) **Kunde:** Ich würde gern diesen Pullover anprobieren. Er ist doch Größe 52? ☐
b) **Verkäufer:** Ja, gerne. Fühlen Sie nur einmal: Das ist eine besonders gute Qualität. Er kostet nur 139,00 Euro. ☐
c) **Kunde:** Ja, das stimmt, aber für 139,00 Euro ist er mir doch zu teuer. ☐
d) **Verkäufer:** Ich habe hier einen Pullover zu 99,00 Euro. Der passt auch gut zu Ihrer Hose. ☐
e) **Kunde:** Ja, er ist sehr schön. Für 80,00 Euro würde ich ihn nehmen. Es ist ja sowieso bald Sonderverkauf. ☐
f) **Verkäufer:** Das ist leider nicht möglich. Ich kann Ihnen aber mit 3 % Barzahlungsnachlass entgegenkommen. ☐
g) **Kunde:** In Ordnung. ☐

Verkaufsgespräch 2

a) **Kundin:** Ich hätte gern eine sportliche Cordhose in einem modischen Farbton. ☐
b) **Verkäufer:** Ich kann Ihnen diese Cordhose für 119,00 Euro anbieten. ☐
c) **Kundin:** Ja, das ist genau mein Geschmack. Kann ich sie einmal anprobieren? ☐
d) **Verkäufer:** Bitte, dort drüben ist die Kabine. ☐
e) **Kundin:** Sie passt sehr gut. ☐
f) **Kundin:** Ich nehme sie. Können Sie die Hose bis heute Abend aufbewahren? Ich habe noch etwas in der Stadt zu erledigen. ☐

Verkaufsgespräch 3

a) **Verkäuferin:** Darf ich Ihnen eines von diesen Kostümen aus unserer neuen Sommerkollektion zeigen? ☐
b) **Kundin:** Nein, danke. Ich möchte mich nur ein wenig umschauen. ☐
c) **Kundin:** Ach, dieses Kostüm in dem hellen Gelbton interessiert mich doch. Wie viel kostet es? ☐
d) **Verkäuferin:** Dieses Kostüm aus edlem Mischgewebe bieten wir für 349,00 Euro an. ☐
e) **Verkäuferin:** Ziehen Sie es doch ruhig einmal an. Dort drüben ist die Kabine. ☐
f) **Kundin:** Es sitzt wirklich gut. ☐
g) **Verkäuferin:** Ich bin ganz Ihrer Meinung. Außerdem unterstreicht es Ihren Typ ganz besonders. ☐
h) **Kundin:** Ich muss es mir noch ein wenig überlegen, ich komme nochmal wieder. ☐

Aufgabe 13
Ein Kunde zahlt mit seiner Kreditkarte.
Begründen Sie, ob die Zahlungsverpflichtung des Kunden mit der Übergabe der Kreditkarte an den Verkäufer erfüllt wird.

Aufgabe 14
Einer Kundin entfährt während des Kassiervorganges in einer SB-Abteilung: „Ach du je, ich habe ja gar kein Geld dabei!"

a) Begründen Sie, ob ein Kaufvertrag zu Stande gekommen ist.
b) Beschreiben Sie, wie Sie reagieren würden, wenn Sie Kassendienst hätten.

Kapitel 1 bis 6

Lernsituation 36 Serviceleistungen an der Kasse

Situation

Herr Kasulke ist richtig froh. Die Mitarbeiterin in der Parfümerieabteilung der Beska GmbH hat ihn hervorragend beraten, denn seine Frau hat in drei Tagen Geburtstag. Er hat sich für ein hochwertiges Eau de Parfum im Wert von 95,00 Euro entschieden. Die Mitarbeiterin – es war Monika Korbmacher, wie er dem Namensschild entnehmen konnte – hat sich freundlich von ihm verabschiedet und das Parfüm zur Kasse gebracht. Als Herr Kasulke an der Reihe ist, entwickelt sich zwischen Ricarda Renz, die gerade Dienst hat, und ihm folgendes Gespräch:

Renz: Guten Tag, mit diesem Parfüm haben Sie aber eine gute Wahl getroffen.
Dabei liest sie mit dem Handscanner die Artikelnummer in das System ein.
Renz: Wir haben diese Woche auch sehr gute Herrendüfte im Angebot.
Kasulke: Auf die hat mich Frau Korbmacher schon hingewiesen. Aber heute möchte ich nur dieses Geschenk für meine Frau kaufen.
Renz: Wünschen Sie, dass wir das Parfüm als Geschenk verpacken?
Kasulke: Ja, das wäre schön, ich habe nämlich wenig Zeit. Ich bin nur dienstlich in Berlin.
Renz: Wenn Sie möchten, können wir das Geschenk gleich an Ihre Frau nach Hause schicken.
Kasulke: Die Idee finde ich richtig klasse. Ich habe hier in meinem Hotelzimmer auch gar keine Möglichkeiten, etwas zu verschicken.
Renz: Das machen wir gerne für Sie. Bitte schreiben Sie uns hier die Adresse auf, an die wir das Parfüm schicken dürfen.
Herr Kasulke füllt das Formular aus. Er ist bald fertig damit.
Renz: Für dieses geschmackvolle Geschenk bekomme ich dann 95,00 Euro von Ihnen, Herr Kasulke. Haben Sie vielleicht eine Kundenkarte?
Kasulke verneint.
Möchten Sie bar oder mit Karte zahlen?
Kasulke übergibt einen Hunderteuroschein an Renz, die den Betrag in die Kasse eingibt. Anschließend entnimmt sie der Kasse einen Fünfeuroschein, reißt den Bon ab, auf dem auch der Zustellungsauftrag vermerkt ist, schließt die Kassenschublade und übergibt Rückgeld und Bon an Herrn Kasulke.
Renz: So, Herr Kasulke, hier ist Ihr Wechselgeld. Sie können sich darauf verlassen, dass wir Ihr Geschenk noch heute versenden.
Kasulke: Das ist in Ordnung.
Renz: Auf Wiedersehen, Herr Kasulke. Solange Sie noch in Berlin sind, erfüllen wir gerne Ihre Wünsche.
Kasulke: Auf Wiedersehen, das ist sehr aufmerksam von Ihnen.

Aufträge

1. a) Welche Serviceleistungen hat Frau Renz dem Kunden angeboten?
b) Welche Serviceleistungen können im Kassenbereich darüber hinaus in Ihrem Ausbildungsbetrieb in Anspruch genommen werden?
c) Überlegen Sie, ob die Beska GmbH diese Serviceleistungen ebenfalls anbieten sollte, und begründen Sie Ihre Meinung!
2. Beurteilen Sie die Gesprächsatmosphäre zwischen Herrn Kasulke und der Beska-Mitarbeiterin. Geben Sie auch die Gründe für Ihr Urteil an!
3. Stellen Sie fest, ob Frau Renz die Regeln für den Umgang mit Kunden eingehalten hat.

Arbeitsblatt 36.1 Bedeutung der Kasse

Kunden im Servicebereich Kasse

Der Kaufvertrag kommt an der Kasse zu Stande, wenn …	rechtlich und sachlich notwendige Vorgänge im Kassenbereich:
Der Kaufvertrag kommt schon in der Abteilung zu Stande, wenn …	mögliche Serviceangebote im Kassenbereich:

Aufgabe 1

Gestalten Sie folgende Rollenspiele:

a) Ein offensichtlich übel gelaunter Kunde kommt an die Kasse und legt wortlos den gewünschten Artikel auf den Kassentisch, ohne den Blickkontakt mit dem Kassierer zu suchen. Der lässt sich aber von der schlechten Laune nicht anstecken, sondern begrüßt den Kunden freundlich und wickelt das Kassiergeschäft bis zur Verabschiedung ab.

b) Eine ältere Kundin kommt zum Kassentisch und das Kassiergeschäft läuft normal ab, bis der Kassierer den Preis nennt: 14,37 €. Die Kundin erkennt auf Grund ihrer Fehlsichtigkeit offensichtlich nicht die Münzen im Portemonnaie.

c) Ein junger, Kaugummi kauender Teenager kommt zur Kasse und hat sich gerade ein Eau de Toilette ausgesucht, das „angesagt“ ist.

d) Ein Kunde in mittlerem Alter und Businessanzug kommt zur Kasse. Es warten zwei Kundinnen auf den Kassiervorgang. Der eilige Kunde spricht, ohne sich um die anderen Kunden zu kümmern, die Kassiererin an und bittet um Beratung für Waren der Warengruppe 01. Die Kassiererin hat als Fachgebiet eigentlich Waren der Warengruppe 04. Die benötigte Mitarbeiterin ist in der Pause und die Kassiererin ganz alleine in der Abteilung.

e) Eine Kundin mit einem weinenden Kleinkind legt drei Artikel zum Kassieren auf den Kassentisch. Die Mitarbeiterin wickelt den Vorgang routiniert ab, aber beim zweiten Artikel erkennt die Kasse die EAN weder beim Einscannen noch bei der manuellen Handeingabe. Der Artikel ist nicht weiter ausgezeichnet.

f) Sie sind an der Kasse für die Warengruppe 04 tätig. Es ist viel Betrieb und die Schlange an der Kasse ist schon auf fünf Personen angewachsen. Die nächste Kundin, die Sie freundlich begrüßen, ist mittleren Alters. Sie legt keine Ware vor, sondern möchte stattdessen einen Warengutschein im Wert von 25,00 € erwerben.

Aufgabe 2

Nehmen Sie Stellung:

a) „Um dem Kunden die schwere, gerade eingekaufte Ware ans Fahrzeug zu bringen, haben wir kein Personal.“

b) „Das Einscannen unserer Kundenkartendaten ist doch nur lästig.“

c) „Wir können doch dem Kunden die Ware nicht als Geschenk einpacken. Dazu hat doch keiner Zeit.“

d) „Das Zahlen mit Karte bringt dem Einzelhändler doch nur eine Erhöhung der Kosten.“

e) „Wenn ich den Kunden freundlich verabschiede, behält er unser Unternehmen in guter Erinnerung.“

Aufgabe 3

Ein Kunde möchte mit einer Kreditkarte bezahlen. Wie verhalten Sie sich, wenn Ihr Unternehmen der Kreditkartenorganisation der vorgelegten Karte nicht angeschlossen ist? Formulieren Sie Ihre Aussage in wörtlicher Rede.

Aufgabe 4

Sie sitzen an der Kasse der Beska GmbH. Es herrscht Hochbetrieb. Plötzlich steht eine Frau vor Ihnen, die so schnell es geht einen 50-Euro-Schein gewechselt haben möchte, da sie einen Einkaufswagen benötigt. Wie verhalten Sie sich in dieser Situation richtig?

a) „Es tut mir leid, aber ich kann Ihnen den Schein nur dann wechseln, wenn Sie auch Ware gekauft haben.“

b) „Ja, dies ist kein Problem. Warten Sie bitte, bis ich den Kassiervorgang beendet habe.“

c) Sie unterbrechen Ihren Kassiervorgang und wechseln der Kundin schnell den Schein.

d) „Ich kann und darf Ihnen den Schein leider nicht wechseln, da der 50-Euro-Schein so oft gefälscht ist.“

e) Da Sie sich unsicher sind, rufen Sie die Zentralkasse an und fragen nach, ob Sie der Kundin den Schein wechseln dürfen.

Aufgabe 5

Nachdem Sie den Kassiervorgang beendet haben, übergeben Sie die Ware dem Kunden. Welche der unten aufgeführten Aussagen ist richtig?

a) Sie geben dem Kunden die Ware ohne Bemerkung.

b) Sie geben dem Kunden die Ware und bedanken sich für den Einkauf.

c) Da der Kassiervorgang schnell beendet sein sollte, um weitere Kunden zu bedienen, ist es nicht möglich, näher auf den Kunden einzugehen.

d) Beim Überreichen der Ware schauen Sie den Kunden nur kurz an.

e) Sie vergewissern sich beim Kassiervorgang nur darüber, ob die Ware die ordungsgemäße Verpackung besitzt.

Lernsituation 37 Wichtige Rechenverfahren

Kapitel 7

Der Kassenbericht weist am Ende des Tages folgende Zahlen auf. Der Vergleich mit dem Vorjahrestag erfolgt automatisch.

Beska GmbH Kassenbericht

Beska BERLINER SUPERKAUF GMBH

Kasse Nr. 15 Kassierer Nr. 101

Datum	heute	Vorjahr
Gesamtumsatz (€)	8891	8468
davon: bar	4890	5081
Geldkarte	–	–
POS	2667	2117
ELV	867	824
Eurocard	180	150
Kundenkarte	217	200
Gutscheine	70	100
Zahl der Artikel	698	684
Zahl der Kunden	547	521
Betriebszeit (h)	09:00	09:00
Registrierzeit (h)	06:40	06:28
Kassierzeit (h)	02:00	01:57
Nullzeit (h)	00:20	00:35

Erstatten Sie Bericht darüber, wie sich die Situation gegenüber dem Vorjahr verändert hat. Tragen Sie dazu in die Tabelle die Vergleichszahlen ein:

Kassenbericht – Auswertung	€	Prozent
Umsatzsteigerung		
Veränderungen:		
Anteil bar		
Anteil Geldkarte		
POS		
ELV		
Eurocard		
Kundenkarte		
Gutscheine		
Durchschnittspreis der verkauften Artikel	Vorjahr:	heute:
Durchschnittsumsatz je Kunde	Vorjahr:	heute:
Durchschnittsumsatz je Stunde	Vorjahr:	heute:

Platz für Ihren Bericht:

Arbeitsblatt 37.1 Dreisatz

Der einfache Dreisatz mit geradem Verhältnis

Beispiel
Die Beska GmbH hat für 3 Aushilfskräfte, die für Inventurarbeiten eingestellt wurden, 3.027,00 € Personalkosten. Wie hoch sind die Personalkosten für 8 Aushilfskräfte?

Bedingungssatz: ______________________________

Fragesatz: ______________________________

Bruchsatz: ? € = ______________________________

Ergebnis: ______________________________

Gerades (proportionales) Verhältnis

Je ____________ Aushilfskräfte, desto ____________ Personalkosten.

Je ____________ Aushilfskräfte, desto ____________ Personalkosten.

Der einfache Dreisatz mit ungeradem Verhältnis

Beispiel
6 Mitarbeiter erledigen die Inventurarbeiten in 4 Stunden. Wie viele Stunden benötigen 8 Mitarbeiter?

Bedingungssatz: ______________________________

Fragesatz: ______________________________

Bruchsatz: ? h = ______________________________

Ergebnis: ______________________________

Ungerades (antiproportionales) Verhältnis

Je ____________ Mitarbeiter, desto ____________ Stunden.

Je ____________ Mitarbeiter, desto ____________ Stunden.

Arbeitsblatt 37.2 Prozentrechnung 1

Prozentwert

Beispiel
Die Beska GmbH setzt die Preise für Saisonwaren um 25 % herab. Wie hoch ist der Nachlass bei einer Ware zum Preis von 380,00 €?

Lösung:
Grundwert: ____________ Prozentsatz: ____________ Prozentwert: ____________

Bedingungssatz: ____________

Fragesatz: ____________

Bruchsatz: ? € = ____________

Ergebnis: ____________

Prozentwert = ____________

Prozentsatz

Beispiel
Die Beska GmbH gewährt den Inhabern von Kundenkarten beim Einkauf von Waren auf je 5,00 € eine Gutschrift im Wert von 0,10 €. Wie hoch ist die Gutschrift in Prozent?

Lösung:
Grundwert: ____________ Prozentsatz: ____________ Prozentwert: ____________

Bedingungssatz: ____________

Fragesatz: ____________

Bruchsatz: ? % = ____________

Ergebnis: ____________

Prozentsatz = ____________

Arbeitsblatt 37.3 Prozentrechnung 2

Grundwert

Beispiel
Die Beska GmbH gewährt einem Kunden einen Preisnachlass von 15 %, das sind 75,00 €. Wie hoch ist der Rechnungsbetrag?

Lösung:
Grundwert: ____________ Prozentsatz: ____________ Prozentwert: ____________

Bedingungssatz: ____________

Fragesatz: ____________

Bruchsatz: ? € = ____________

Ergebnis: ____________

Grundwert = ____________

Vermehrter Grundwert

Beispiel
Die Umsätze der Beska GmbH sind im Monat Mai um 6 % gegenüber den Umsätzen des Vormonats gestiegen und betragen 339.200,00 €. Wie hoch waren die Umsätze im Monat April?

Lösung:
Umsätze im Monat April ____________ %

\+ Umsatzsteigerung: ____________ %

= Umsätze im Monat Mai ____________ %

Bedingungssatz: ____________

Fragesatz: ____________

Bruchsatz: ? € = ____________

Ergebnis: ____________

Grundwert = ____________

Arbeitsblatt 37.4 Prozentrechnung 3

Verminderter Grundwert

Beispiel
Ein Wintermantel kostet nach einer Preisreduzierung von 10 % noch 270,00 €. Wie hoch war der alte Preis?

Lösung:

alter Preis ______________ %

– Nachlass ______________ %

= reduzierter Preis ______________ %

Bedingungssatz: ______________

Fragesatz: ______________

Bruchsatz: ? € = ______________

Ergebnis: ______________

Grundwert = ______________

Arbeitsblatt 37.5 Durchschnittsrechnung

Einfacher Durchschnitt

Beispiel
In der Beska GmbH wurden in der 14. Kalenderwoche folgende Umsätze ermittelt: Montag 10.300,00 €, Dienstag 12.700,00 €, Mittwoch 24.500,00 €, Donnerstag 41.600,00 €, Freitag 43.200,00 €, Samstag 48.100,00 €. Ermitteln Sie den durchschnittlichen Tagesumsatz.

Lösung:
Durchschnittlicher Tagesumsatz: ______________________________

Ergebnis: ______________________________

Einfacher Durchschnitt = ______________________________

Gewogener Durchschnitt

Beispiel
In der Textilabteilung der Beska GmbH erhalten als Monatsgehalt: 4 Mitarbeiter je 2.400,00 €, 6 Mitarbeiter je 1.600,00 € und 2 Mitarbeiter je 1.300,00 €. Wie viel Euro beträgt das monatliche Durchschnittsgehalt je Mitarbeiter in der Textilabteilung?

Lösung:

Anzahl der Mitarbeiter	Monatsgehalt je Mitarbeiter (€)	Summe der Monatsgehälter (€)
Summe:		Summe:

Durchschnittsgehalt = ______________________________

Ergebnis: ______________________________

Dreisatz

Aufgabe 1
Eine Gemeinschaftswerbung von 12 Geschäften kostet 16.800,00 € je Teilnehmer. Welchen Kostenanteil hätte jedes Geschäft zu tragen, wenn sich nur 10 Geschäfte beteiligt hätten?

Aufgabe 2
Eine Pumpe fördert 2,5 m³ Wasser in 30 Sek. Wie viele Liter werden in 3 Std. 24 Min. gehoben?

Aufgabe 3
Wie viele Stunden und Minuten braucht ein Radfahrer, um eine 87 km lange Strecke zurückzulegen, wenn seine durchschnittliche Geschwindigkeit 15 km/h beträgt?

Aufgabe 4
Eine Arbeitskolonne von 60 Mann verursacht 30.000,00 € Lohnkosten. Um wie viel Euro würden die Kosten steigen, wenn 93 Mann eingesetzt werden müssten, um diese Arbeit zu verrichten?

Aufgabe 5
Wenn 20 Näherinnen täglich 8 Stunden arbeiten, wird ein Auftrag in 12 1/2 Tagen fertig. Wie viele Näherinnen müssen zusätzlich eingestellt werden, wenn die Arbeit bei gleicher täglicher Arbeitszeit in 10 Tagen fertig sein soll?

Aufgabe 6
Wir beziehen 64,8 kg Blumendünger. Die Rechnung beträgt 520,40 €, die vom Gewicht abhängigen Frachtkosten 4,12 €. Wir verkaufen davon 16,2 kg an einen Forstbetrieb zum gleichen Preis, da die Ware unerwartet schwer verkäuflich ist. Welchen Betrag muss der Forstbetrieb von der Rechnung und von den Frachtkosten übernehmen?

Aufgabe 7
Ein Fass mit 75 Litern Eiswein zum Preis von 592,00 € soll in 3/8-l-Flaschen umgefüllt werden.

a) Wie viel Flaschen gibt es, wenn mit 3/4 Liter Abfüllverlust zu rechnen ist?
b) Was kostet uns eine Flasche?
c) Was hätten uns 125 Liter Eiswein gekostet?

Aufgabe 8
Ein Lkw-Transport, bestehend aus 65 Kisten zu 32 kg, wird mit 5.664,00 € versichert. Durch einen Verkehrsunfall werden 34 Kisten völlig zerstört. Wie viel Euro muss die Versicherung ersetzen?

Aufgabe 9
Die Empfangshalle eines Bürogebäudes wird mit einer Holzverschalung versehen. 163,8 m² kosten 8.650,00 €. Zwei weitere Räume erhalten 68,5 m² und 37,8 m² dieser Ausstattung. Was kostet sie jeweils?

Aufgabe 10
Eine Aushilfskraft erhält für 35 Arbeitsstunden monatlich einen Bruttolohn von 423,17 €. Wie hoch ist der Monatslohn bei 33 Arbeitsstunden?

Aufgabe 11
In der Feinkostabteilung werden zurzeit 217 Gläser Pesto alla Genovese gelagert. Wie viel Tage hält der Vorrat, wenn wöchentlich (6-Tage-Woche) im Durchschnitt 34 Gläser verkauft werden?

Aufgabe 12
Zur Regalpflege benötigen 12 Angestellte 4 1/2 Stunden. In welcher Zeit könnte diese Arbeit von 10 Angestellten erledigt werden?

Aufgabe 13
Unser Farben- und Lacklieferant füllt ein 600-Liter-Fass Acryllack in 2-Liter-Dosen ab und erhält somit 300 Dosen. Für unsere Heimwerkeraktion benötigen wir jedoch 3/4-Liter-Gebinde. Wie viele Dosen erhält unser Lieferant durch die neue Packungsgröße aus dem gleichen Fass?

Aufgabe 14
Der Außendienstmitarbeiter erhält für den Verkauf von 362 Bohrmaschinen eine Provision von 2.854,89 €. Wie viel Provision erhält er, wenn er in der nächsten Abrechnungsperiode 476 Stück verkauft?

Aufgabe 15
Der Vorrat unserer Weinabteilung reicht bei einem täglichen Verkauf von 44 Litern 89 Tage. In wie viel Tagen ist der Vorrat erschöpft, wenn der Tagesabsatz auf 111 Liter steigt?

Aufgaben

Prozentrechnung

Aufgabe 1
Der Preis eines Artikels der Beska GmbH wird zunächst um 33,00 € reduziert, das entspricht 1/3 des ursprünglichen Preises. Da sich der Artikel immer noch nicht verkaufen lässt, wird er erneut um 1/12 reduziert.

a) Wie viel Euro beträgt der ursprüngliche Preis des Artikels?
b) Wie viel Euro kostet der Artikel nach der ersten Reduzierung?
c) Wie viel Euro kostet der Artikel nach der zweiten Reduzierung?
d) Um wie viel Prozent wird der Preis insgesamt reduziert (auf eine Stelle nach dem Komma runden)?

Aufgabe 2
Eine Werkbank ist mit dem „Abholpreis" 1.888,00 € ausgezeichnet. Für die Anlieferung wird ein Aufschlag von 7,5 % berechnet.

a) Wie viel Euro beträgt der Anlieferungspreis?
b) Wie viel Euro spart der Kunde bei Selbstabholung?
c) Wie viel Euro Trinkgeld hat der Kunde gegeben?

Ein Kunde lässt sich die Werkbank anliefern. Bei Übergabe der Ware zählt er dem Fahrer 10 Hundert-Euro-Scheine und 21 Fünfzig-Euro-Scheine vor und sagt: „Der Rest ist für Sie."

Aufgabe 3
Nach Abzug von 25 % Rabatt überweisen wir an unseren Lieferanten 20.625,00 €. Errechnen Sie den Preis des Lieferanten ohne Rabattgewährung.

Aufgabe 4
Auf Grund von Rationalisierungsinvestitionen erhöhen sich in einem Einzelhandelsunternehmen die Kosten für die Geschäftsausstattung. Dies macht eine Gesamtkostensteigerung von 3,8 % aus. Auf der anderen Seite sinken die Personalkosten. Die Personalkostensenkung bewirkt eine Minderung der Gesamtkosten um 6,4 % (= 324.000,00 €).

a) Errechnen Sie die alten Gesamtkosten.
b) Errechnen Sie den Zuwachs der Gesamtkosten, der durch den Anstieg der Kosten für die Geschäftsausstattung bedingt ist.
c) Errechnen Sie die Kostensenkung insgesamt.
d) Errechnen Sie die neuen Gesamtkosten.

Aufgabe 5
Die Miete für unsere Geschäftsräume beträgt heute 67.281,35 €. Sie erhöhte sich im letzten Jahr um 5 %, im vorletzten Jahr um 3 % und im vorvorletzten Jahr um 7 %.

a) Um wie viel Euro ist die Miete im letzten, im vorletzten und im vorvorletzten Jahr gestiegen?
b) Wie hoch waren die Mietaufwendungen in den letzten drei Jahren?

Aufgabe 6
Ein Buchhalter verdient 43 % weniger als der Abteilungsleiter. Das Gehalt des Prokuristen ist 18 % höher als das Gehalt des Abteilungsleiters. Der Buchhalter verdient 48.500,00 € im Jahr. Wie viel verdienen der Prokurist und der Abteilungsleiter?

Aufgabe 7
Der Verkaufsflächenanteil der Sport- und Fitnessgeräteabteilung eines Kaufhauses wurde um 8,3 % erhöht. Er beträgt jetzt 458,4 m². Die Verkaufsfläche für Sport- und Fitnessgeräte macht damit 6,4 % der gesamten Verkaufsfläche aus.

a) Wie groß war die Verkaufsfläche für Sport- und Fitnessgeräte vorher?
b) Wie groß ist die gesamte Verkaufsfläche des Kaufhauses?
c) Wie hoch war der prozentuale Anteil der Verkaufsfläche für Sport- und Fitnessgeräte an der gesamten Verkaufsfläche vorher?

Aufgabe 8
Die Vollmilchschokolade der Beska GmbH setzt sich zusammen aus 36 % Zucker, 29 % Vollmilchpulver, 20 % Kakaobutter und 15 % Kakaomasse. Wie viel kg der einzelnen Bestandteile sind erforderlich, um 190.000 Schokoladentafeln zu je 75 g herzustellen?

Aufgabe 9
Der Umsatz eines Produktes hat sich wie folgt verändert: März: + 2,4 %; April: – 3,8 %; Mai: – 1,7 %; Juni: + 4,9 % (prozentuale Umsatzveränderung jeweils gegenüber dem Vormonat). Im Juni beträgt der Umsatz 85.638,91 €.

a) Errechnen Sie die Umsatzveränderungen in Euro.
b) Errechnen Sie die Umsätze der Monate Mai, April, März und Februar.

Aufgabe 10
Laut Katalog bestellen wir 156 Stück einer Ware, wobei folgende Bedingungen gelten: Listenpreis je Artikel: 14,20 €. Mengenrabatt: Bei Abnahme von mindestens 100 Stück 5 %, bei mindestens 200 Stück 6 % auf den Listenpreis. Bis zu einer Abnahme von 200 Stück wird eine Frachtpauschale von 45,00 € erhoben. Wie hoch ist der Bezugspreis?

Aufgabe 11
Die für das 1. Quartal ermittelte Umsatzsteuer beträgt 198.078,00 € bei vollem Steuersatz von 19 %.

a) Wie hoch war der Umsatz im 1. Quartal „netto“?
b) Wie hoch war der Umsatz im 1. Quartal „brutto“?

Aufgabe 12
Das Warenlager der Kleineisenabteilung hat einen Wert von 520.000,00 €. Gegenüber der Versicherung wird nur ein Wert von 325.000,00 € angegeben, um Versicherungskosten zu sparen.

a) Mit wie viel Prozent ist das Warenlager versichert?
b) Nach einem Rohrbruch wird ein Wasserschaden von 112.320,00 € festgestellt. Wie viel Euro ersetzt die Versicherung?

Aufgabe 13
Die Monatsmiete für unsere Lagerräume hat sich um 7,5 % erhöht. Sie beträgt nun 35.720,66 €. Um wie viel Euro ist die Miete angestiegen?

Aufgabe 14
Nach zwei Unfällen wurde einer unserer Geschäftswagen in der Haftpflichtversicherung aus der Schadensklasse SF 13 (35 % des Beitragssatzes) in SF 9 (50 % des Beitragssatzes) zurückgestuft. Die neue Prämie beträgt 1.233,45 €. Wie hoch war die Prämie vorher?

Checker

USt-IdNr.: DE 71787493
Bonn Alt Plittersdorf
Beethovenallee 76
26.10.2004

3,29 °
17,99 °
18,59 °
2,99 *
39,50 °

Total	82,36
Bar	90,00
Rückgeld	7,64

Vielen Dank für Ihren Besuch

° 19 % Umsatzsteuer
* 7 % Umsatzsteuer

Aufgabe 15
Der oben stehende Kassenbon enthält Beträge sowohl mit 7 % als auch mit 19 % Umsatzsteuer. Wie hoch ist der Nettowarenwert?

Aufgabe 16
In der Warengruppe 09 waren in der vergangenen Woche Lebensmittel in Höhe von 1.275,00 € des Wareneinkaufswertes von 17.000,00 € unverkäuflich. In der Lebensmittelbranche gilt ein Schwund von 8 % vom Wareneinkaufswert zu bestimmten Jahreszeiten als normal.
Stellen Sie fest, ob die Beska GmbH mit ihren Zahlen dem Branchendurchschnitt entspricht.

Durchschnittsrechnung

Aufgabe 1
Die Beska GmbH hat in ihrer Textilabteilung im Monat Januar 32.854,93 €, im Februar 29.749,83 €, im März 15.938,13 €, im April 18.836,97 € und im Mai 27.982,54 € Umsatz erzielt.

a) Wie hoch war der durchschnittliche Umsatz in den ersten fünf Monaten in der Textilabteilung?
b) Wie hoch war der durchschnittliche Tagesumsatz im März, wenn wir dort 28 Verkaufstage hatten?
c) Wie hoch war der durchschnittliche Umsatz je Verkäufer im Januar, wenn dort vier Verkäufer beschäftigt waren?
d) Wie hoch war der durchschnittliche Umsatz je Kunde im Monat Mai, wenn insgesamt 2.417 Kunden in diesem Monat in der Textilabteilung eingekauft haben?

Aufgabe 2
Für eine Verkaufsaktion stellt die Beska GmbH einen Warenträger mit T-Shirts zusammen, die alle zu einem Einheitspreis verkauft werden sollen. Auf dem Warenträger befinden sich T-Shirts zu folgenden ehemaligen Verkaufspreisen:

- 11 T-Shirts zu 9,90 €
- 14 T-Shirts zu 14,90 €
- 23 T-Shirts zu 19,90 €
- 12 T-Shirts zu 24,90 €

Mit welchem Einheitspreis muss die Beska GmbH die T-Shirts auszeichnen, damit der Gesamtumsatz unverändert bleibt?

Aufgabe 3
Im Café Starducks entsteht eine neue Kaffeesorte aus folgenden Zutaten:

Arabica:	17 kg zu je 15,30 €
Brasil:	22 kg zu je 12,70 €
Hochland:	11 kg zu je 13,65 €

Beim Rösten verliert die Mischung 14 % des Gewichts. Wie viel kostet 1/4 kg der neuen Kaffeesorte, wenn für Arbeitslohn zusätzlich 33,50 € berücksichtigt werden?

Aufgabe 4
Das Warenwirtschaftssystem weist für eine Artikelgruppe folgende Bestände aus:

a) Wie hoch war der durchschnittliche Lagerbestand in Stück?
b) Wie viel Euro beträgt der durchschnittliche Lagerbestand?

Monat	Stück	Wert in €
Januar	38	376,20
Februar	17	168,30
März	54	534,60
April	19	188,10
Mai	29	287,10
Juni	64	633,60
Juli	81	801,90
August	72	712,80
September	14	138,60
Oktober	20	198,00
November	29	287,10
Dezember	12	118,80

Aufgabe 5
Die Beska GmbH hat 250 Taschenrechner zu einem Preis von 19,90 €, 170 Taschenrechner des gleichen Modells zu einem reduzierten Preis von 14,90 € und den Restbestand von 51 Taschenrechnern zu einem Aktionspreis von 12,90 € verkauft. Welcher Durchschnittspreis wurde für alle Taschenrechner erzielt?

Aufgabe 6
Wegen einer Sonderaktion müssen bei der Beska GmbH zusätzlich Hilfskräfte eingestellt werden. Die zusätzlichen Mitarbeiter haben folgende Stundenzahlen gearbeitet:

Name	Stunden
Siemes	16
Schäfer	25
Riechling	12
Schlopp	13
Meyerling	27

Wie hoch war die durchschnittliche Arbeitszeit je Hilfskraft?

Lernsituation 38 Außengestaltung des Geschäfts

Kapitel 1.1

Situation

Hausmitteilung

Datum: ____________________

Beska
BERLINER SUPERKAUF GMBH

Absender	Empfänger	Weiterverwendung
☒ Geschäftsleitung	☐ Geschäftsleitung	☐ zur Kenntnisnahme
☐ Verwaltung/Verkauf	☐ Verwaltung/Verkauf	☒ zur Erledigung
☐ Warengruppe __________	☒ Warengruppe 01–09	☐ zur Stellungnahme
☐ Frau/Herr __________	☐ Frau/Herr __________	

Die Teilnahme an einem zweitägigen Seminar mit dem Thema: „Das Schaufenster – die Visitenkarte des Einzelhandelsgeschäftes“ hat mich überzeugt, dass eine Umgestaltung der Schaufenster unserer Beska GmbH dringend erforderlich ist.

K. List

Auftrag

Drei Fotos mit unterschiedlichen Schaufenstergestaltungen liegen zur Ansicht vor.
Beurteilen Sie, welche Warengruppen der Beska GmbH für diese Gestaltungsarten geeignet wären.
Verwenden Sie dazu das Schema von Arbeitsblatt 38.1!

Arbeitsblatt 38.1 Schaufenstertypen

Schaufenster	Schaufenstertyp	Beschreibung	Ziel des Schaufensters	Geeignet für Warengruppe
1				
2				
3				

Arbeitsblatt 38.2 Das Schaufenster – der Weg zum Kunden

	Beschreibung
Arten	offen:
Typen	Stapelfenster:
Gestaltungs-grundsätze	aktuell:

Aufgabe 1

Die Beska GmbH möchte verschiedene Themen im Jahresverlauf im Schaufenster umsetzen.
Das Schaufenster im Monat Januar könnte genutzt werden, um Preisvorteile oder Aktionen darzustellen. Welche Ideen haben Sie für die unten aufgeführten Monate? Halten Sie Ihre Vorstellungen für die Monate in der nachfolgenden Tabelle fest.

Monat	Thema des Schaufensters	Gestaltungsidee
Februar		
April		
Juli		
Dezember		

Aufgabe 2

Für die Beska GmbH gilt wie für andere Einzelhandelsgeschäfte der wichtige Grundsatz: „The product is the hero“! Erläutern Sie diese Aussage.

Aufgabe 3

Erkundung/Exkursion: Beurteilung von Schaufenstern

a) Bilden Sie eine Gruppe mit maximal fünf Teilnehmern. Bestimmen Sie aus Ihrer Mitte einen Gruppenleiter, der dem Lehrer gegenüber verantwortlich ist.

b) Erstellen Sie einen Beurteilungsbogen mit Namen und Anschrift des Geschäfts sowie selbst gewählten Beurteilungskriterien (z. B. Sortiment, Blickfang, Farben, Schaufensterart).

c) Gehen Sie nun mit Ihrer Gruppe in die Innenstadt. Dort beurteilen Sie so viele Schaufenster, wie Ihre Gruppe Mitglieder hat. Achten Sie darauf, dass Sie nicht nur „gute“ oder „schlechte“ Schaufenster auswählen. Vergeben Sie für jedes Beurteilungskriterium Punkte von 1 (= sehr schlecht) bis 10 (= sehr gut) und tragen Sie die Ergebnisse in den Beurteilungsbogen ein. Achten Sie darauf, verschiedene Schaufenstertypen zu beurteilen, vier der acht kennen gelernten Schaufenstertypen müssen beurteilt werden.

d) Diskutieren Sie jede Beurteilung in Ihrer Gruppe, sodass jeder von Ihnen mit Hilfe einer Videopräsentation ein Schaufenster in der Klasse vorstellen und seine Bewertung begründen kann.

Aufgabe 4
Erläutern Sie die Besonderheiten der im Foto gezeigten Schaufenster. Benennen Sie außerdem die jeweilige Schaufensterart und den Schaufenstertyp.

a)

b)

c)

d)

e)

f)

Kapitel 1.2, 1.3

Lernsituation 39 Innengestaltung des Geschäfts

Situation

Hausmitteilung

Datum: ______________

Beska
BERLINER SUPERKAUF GMBH

Absender	Empfänger	Weiterverwendung
☒ Geschäftsleitung	☐ Geschäftsleitung	☐ zur Kenntnisnahme
☐ Verwaltung/Verkauf	☐ Verwaltung/Verkauf	☒ zur Erledigung
☐ Warengruppe ______	☒ Warengruppe 01–09	☐ zur Stellungnahme
☐ Frau/Herr ______	☐ Frau/Herr ______	

Die Renovierungsarbeiten unserer Verkaufsräume machen gute Fortschritte.
Das für die Verkaufsraumgestaltung beauftragte Unternehmen hat uns darum gebeten, ein Konzept hinsichtlich der Neugestaltung der einzelnen Abteilungen zu erarbeiten.
Bitte machen Sie sich Gedanken, wie Ihre Abteilung im Rahmen des festgesetzten Budgets hinsichtlich folgender Punkte in Zukunft aussehen soll:

- Farb- und Lichtgestaltung im Verkaufsraum
- Art der Warenträger
- Anordnung der Warenträger unter Berücksichtigung der Laufwege der Kunden und der Verkaufsattraktivität der verschiedenen Zonen im Verkaufsraum
- zu platzierende Warengruppen/Artikel in den Warenträgern
- eventuelle Festlegung einer Aktionsfläche
- Standort der Kasse

K. List

Auftrag

Bilden Sie nach Möglichkeit branchenbezogene Gruppen und treffen Sie Entscheidungen für die in der Hausmitteilung aufgeführten Punkte der Verkaufsraumgestaltung für Ihre Abteilung in der Beska GmbH.

Nutzen Sie für Ihre Überlegungen und Entscheidungen den Grundriss der Abteilung der Beska GmbH.

Arbeitsblatt 39.1 Grundriss der Abteilung

Eingang

Arbeitsblatt 39.2

Elemente der Verkaufsraumgestaltung (Visual Merchandising)

Gestaltungselement	Merkmale	Wirkung auf die Kunden	Vorteile
	Verblendungen, Decken- und Wandschmuck, Dekors, Rahmen und Vorhänge	lenkt die Blicke und den Weg des Kunden durch das Geschäft	
Farbe		z. B. grau:	
Einkaufsradio/Ladenfunk			Kunden können am Ort der Kaufentscheidung über das Warenangebot informiert werden.
	ermöglichen Kunden den bequemen Zugang zur Ware		
Kundenführung		Durch die Wegführung wird der Kunde optimal an die Ware herangeführt.	

Arbeitsblatt 39.3 Verkaufsaktivität von Ladenzonen

Kennzeichnen Sie **verkaufsaktive** Ladenzonen mit dem Symbol +, **weniger verkaufsaktive** Ladenzonen mit dem Symbol –.

Aufgaben

Aufgabe 1
Wie kann ein Verkaufsraum durch die gezielte Verwendung von Beleuchtung, Farben und Dekomaterialien verkaufsaktiv gestaltet werden? Geben Sie für jedes Gestaltungselement ein Beispiel an und begründen Sie auch dessen positive Wirkung auf die Verkaufsatmosphäre.

Aufgabe 2
a) Wie bezeichnet man die mit ① – ⑥ gekennzeichneten Verkaufszonen? Tragen Sie die Begriffe auf unten stehende Zeilen ein.

b) Markieren Sie die einzelnen Ladenzonen in rechts stehender Skizze eines Supermarktes
– mit Blau ⊕, wenn es sich um eine verkaufsaktive Zone,
– mit Schwarz ⊖, wenn es sich um eine weniger verkaufsaktive Zone handelt! Begründen Sie die unterschiedliche Verkaufswirksamkeit der einzelnen Ladenzonen.

c) Zeichnen Sie in die Skizze den geplanten Kundenlauf ein!

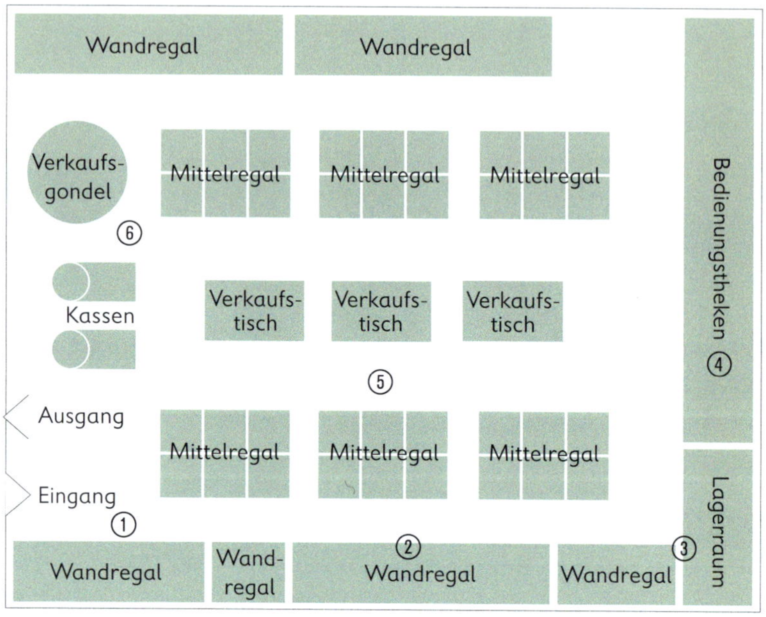

① ______________________ ④ ______________________

② ______________________ ⑤ ______________________

③ ______________________ ⑥ ______________________

Aufgabe 3
Die Beobachtung des Kundenverhaltens in einem Verkaufsraum hat folgendes Ergebnis erbracht:

= Laufrichtung, die von den Kunden eingeschlagen wurde

= Stellen im Verkaufsraum, an denen die Kunden ihren Gang durch den Verkaufsraum gestoppt haben und längere Zeit stehen geblieben sind

Führen Sie Gründe für dieses Ergebnis an und machen Sie Vorschläge zur Belebung verkaufsschwacher Ladenzonen.

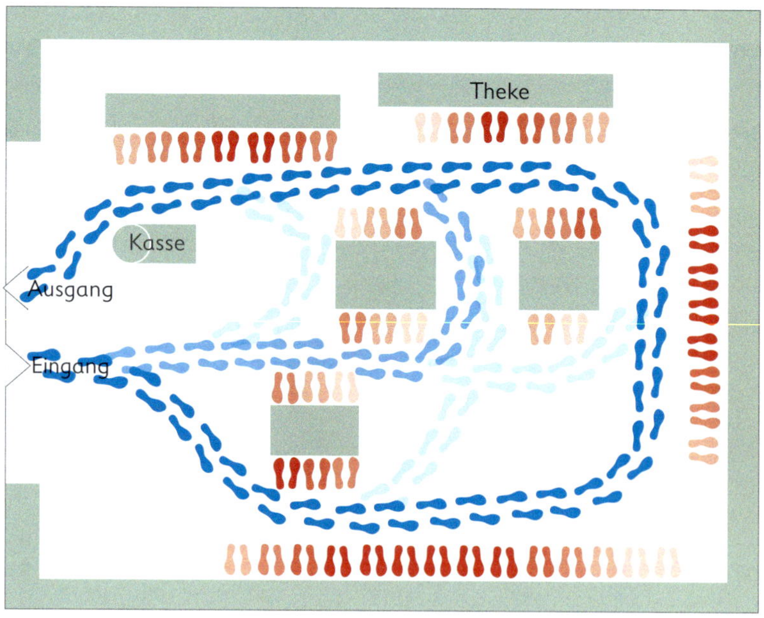

Aufgabe 4
Geben Sie zu jedem in der Tabelle aufgeführten Artikel ein Beispiel aus Ihrem Ausbildungssortiment an und entscheiden Sie, in welcher der folgenden Verkaufszonen Sie diese Artikel platzieren würden. Begründen Sie Ihre Entscheidung.

Verkaufszonen:
- Eingangszone
- lagernahe Beratungszone
- Randzone
- Kassenzone
- Mittelzone
- Eckzone

Artikel	Beispiel	Verkaufszone	Begründung
Ergänzungs- oder Zusatzartikel			
Impulsartikel			
Magnetartikel			
Mussartikel			
diebstahlgefährdete Artikel			
empfindliche Artikel			
Suchartikel			
erklärungsbedürftige Artikel			
problemlose Artikel			

Aufgabe 5

Wie nennt man die unten grafisch dargestellte Art der Warenträgerplatzierung?
Stellen Sie die Vor- und Nachteile jeweils kurz in einer Tabelle gegenüber.

a) ______________________________-platzierung

Vorteile	Nachteile

b) ______________________________-platzierung

Vorteile	Nachteile

c) ______________________________-platzierung

Vorteile	Nachteile

Lernsituation 40 Warenplatzierung im Regal

Kapitel 1.3.3, 1.3.4, 1.4

Situation

Hausmitteilung

Datum: ____________

Beska
BERLINER SUPERKAUF GMBH

Absender	Empfänger	Weiterverwendung
☒ Geschäftsleitung	☐ Geschäftsleitung	☐ zur Kenntnisnahme
☐ Verwaltung/Verkauf	☐ Verwaltung/Verkauf	☒ zur Erledigung
☐ Warengruppe ____	☒ Warengruppe 09	☐ zur Stellungnahme
☐ Frau/Herr ____	☐ Frau/Herr ____	

Neuer Kühlregalträger für alkoholfreie Getränke eingetroffen!
Bitte platzieren Sie in den neuen Regalträger folgende Warenarten:

- 1,5-l-Flaschen (Cola, Fonto, Spride, Quellie-Mineralwasser, ...)
- 0,75-l-Flaschen (Quellie-Mineralwasser, Beska-Fruchtsaft, ...)
- 0,5-l-Dosen und Ähnliches (Fitnessgetränke, Eistee, Apfelsaftschorle ...)
- 6er-Pack-Quellie-Mineralwasser, ...)

K. List

Auftrag

Erstellen Sie bitte einen begründeten Platzierungsvorschlag und präsentieren Sie Ihren Vorschlag der Geschäftsleitung. Nutzen Sie das Arbeitsmaterial auf den nachfolgenden Seiten.
Beachten Sie die weitere Information:

Statistik Regalplatzierung BSK WWS-info

Beska
BERLINER SUPERKAUF GMBH

Datum: ____________

Getränke

Segment	Umsatz		Trend	Absatz		Trend	Gewinnspanne *
	Tausend €	+/– Vj.		Tausend Stück	+/– Vj		
Cola	2,87	+ 0,2	→	2,18	+ 0,9	↗	2
Fonto	1,24	– 1,5	↓	1,91	– 0,4	↘	3
Spride	1,01	– 0,6	↘	1,97	– 0,3	→	4
Apfelsaftschorle	1,44	+ 1,1	↗	1,15	+ 1,3	↗	3
Quellie Mineralwasser	1,53	+ 0,1	→	3,77	+ 0,1	→	1
Eistee	1,82	+ 1,2	↗	2,41	+ 1,3	→	3
Beska-Fruchtsäfte	1,48	+ 2,6	↑	0,89	+ 1,1	↗	2
Fitnessgetränke	0,56	+ 0,9	↗	0,49	+ 0,8	↗	4

* Gewinnspanne: 1 gering 2 mittel 3 hoch 4 sehr hoch

Arbeitsblatt 40.1 Regalplatzierung/Regalebenen

Bezeichnung der Regalebene	bevorzugte Artikelart	Begründung

Arbeitsblatt 40.2 Platzierungsregeln

Art der Platzierung	Beschreibung	Beispiel	Vorteile
Block-platzierung			
Verbund-platzierung			
Zweit-platzierung			
Zebra-platzierung			
Aktions-platzierung			
Kopf-platzierung			

Aufgabe 1
Aus den nachfolgenden Begriffen wählen Sie die entsprechenden aus und setzen diese logisch in den Text ein:

- Warengruppenplatzierung
- Verbundplatzierung
- Zweitplatzierung
- gezieltes Suchen
- zusammenhängend
- höheren Absatz

Der Einzelhändler geht bei der ________________ ___________ von den Wünschen des Kunden aus. Er bietet solche Waren an, die ________________ ___________ für bestimmte Verwendungszwecke erforderlich sind. Dadurch werden Verkaufsanregungen geschaffen, die zu einem ______________ ________________ führen können. Bei einer ____________________________ stellt ein Einzelhändler verwandte Produkte seines Sortiments nach Warenarten zusammen. Sie ermöglicht dem Kunden ein __________________________ und ist für den Einzelhändler problemlos zu handhaben. Durch eine __________________________ erhöht der Einzelhändler die Aufmerksamkeit des Kunden, weil die Waren an verschiedenen Bereichen des Verkaufsraumes platziert werden.

Aufgabe 2
Welche der nachfolgenden Ausführungen zur Warenpräsentation sind korrekt?

a) In der Sichtzone werden sperrige Artikel des täglichen Bedarfs platziert.
b) Die mit hohem Gewinn kalkulierten Artikel werden in der Sichtzone platziert.
c) In Kassennähe werden Impulsartikel platziert.
d) In den Ecken eines Betriebes werden diebstahlgefährdete Waren angeordnet.
e) Auf Kopftheken und Auflaufköpfen werden häufig Sonderposten angeboten.
f) Artikel des täglichen Bedarfs müssen eigens herausgestellt werden.

Aufgabe 3
Ordnen Sie folgende Waren in die verschiedenen Regalzonen ein. Begründen Sie ihre Entscheidungen.

- besondere Hautpflegecremes
- einfache Hautpflegecremes
- Sonnenpflegemittel
- Haarbürsten
- Seifen
- besondere Seifen
- Aktionsartikel
- Zahnpflegecremes
- Rasierartikel
- Haarshampoos
- einfache Duschgels
- besondere Duschgels

Aufgabe 4
Welche der nachfolgenden Vorkehrungen sind für eine erfolgreiche Präsentation von Artikeln in einem Selbstbedienungsbetrieb passend?

a) In den verkaufsschwachen Zonen werden Artikel des täglichen Bedarfs präsentiert.
b) In den verkaufsschwachen Zonen werden hochwertige Geschenkartikel präsentiert.
c) In der Sichtzone eines Regals werden preiswerte Markenartikel präsentiert.
d) In den verkaufsstarken Zonen im Kassenbereich werden Impulsartikel präsentiert.
e) In der Bückzone der Regale werden hochwertige Markenartikel präsentiert.

Aufgabe 5
Die Umsätze der Beska GmbH bei Bioprodukten sind im letzten Jahr um 2,5 % gestiegen. Die Beska nimmt die Regalplatzierung der Bioprodukte nach dem Prinzip der Sortimentseinstreuung vor, das heißt, alle Bioprodukte werden neben den entsprechenden konventionellen Produkten präsentiert. Das soll sich in Zukunft ändern. Der Geschäftsführer der Beska GmbH, Klaus List, beschließt mit seinen Abteilungsleitern ein neues Bio-Konzept mit einer Blockplatzierung.

a) Welche Vor- und Nachteile hat die Blockplatzierung gegenüber der Sortimentseinstreuung?
b) Welche Art der Blockplatzierung schlagen Sie für die Präsentation von Bioprodukten vor?
c) Sollten sich die Regale und andere Warenträger für Bioprodukte von der übrigen Verkaufsraumeinrichtung unterscheiden? Begründen Sie Ihre Antwort.

Aufgabe 6 Warenpflege

Bei einer Qualitätskontrolle sind folgende Schäden festgestellt worden:	Wodurch können die Schäden verursacht worden sein?	Welche wirtschaftlichen Folgen entstehen durch die Schäden?	Tipps zur Warenpflege, zur Vermeidung oder Vorbeugung von Schäden
Make-up-verschmutzter Pullover			
Fremdware (Tiefkühlprodukt) im Regal für Küchenrollen			
angelaufener Silberschmuck			
abgebrochener Griff beim Toaster			
vom Regal heruntergefallene, zerbrochene Flasche Parfüm			
gewelltes Druckerpapier			
überreife Bananen			
verstaubte Gläser			
von der Sonne ausgeblichene Handtasche			
Kratzer auf der Bohrmaschine			
angetaute Pizza			
zerknitterte Bluse			

Kapitel 2

Lernsituation 41 Warenkennzeichnung

Situation

Heute findet in der Beska GmbH für alle Auszubildenden eine betriebsinterne Schulung statt mit dem Thema „Warenkennzeichen – ein Kompass für Mitarbeiter und Kunden“. In dieser Veranstaltung werden die Auszubildenden über verschiedene Arten von Warenkennzeichen informiert. Sie können sich mit wichtigen Kennzeichnungen, so genannten Labels, vertraut machen und erfahren anhand von Beispielen, welche Produkteigenschaften sich daraus ableiten.

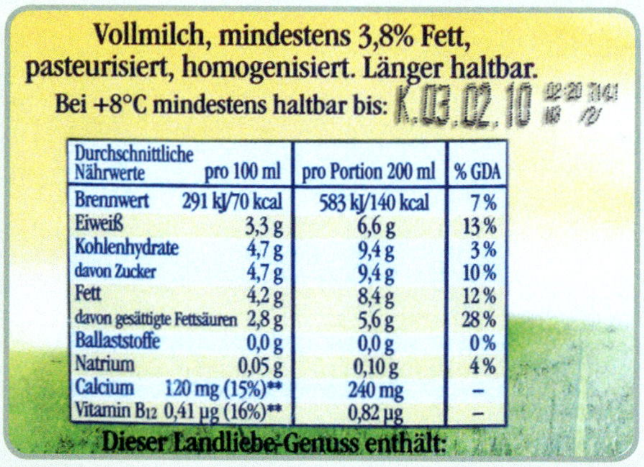

Auftrag

Analysieren Sie die Herstellerangaben auf den Artikeln. Nutzen Sie dazu das Schema auf der folgenden Seite.

a) Nennen Sie fünf wichtige Angaben auf der Verpackung.
b) Geben Sie an, ob es sich um gesetzlich vorgeschriebene oder freiwillige Angaben handelt.
c) Erläutern Sie kurz den Informationswert der jeweiligen Angabe.

Arbeitsblatt 41.1 Warenkennzeichnung

Artikel	Angaben auf der Verpackung	Pflichtkennzeichnung	freiwillige Kennzeichnung	Informationswert
Dampfbügeleisen		☐	☐	
		☐	☐	
		☐	☐	
		☐	☐	
		☐	☐	

Artikel	Angaben auf der Verpackung	Pflichtkennzeichnung	freiwillige Kennzeichnung	Informationswert
Milchtüte		☐	☐	
		☐	☐	
		☐	☐	
		☐	☐	
		☐	☐	

Artikel	Angaben auf der Verpackung	Pflichtkennzeichnung	freiwillige Kennzeichnung	Informationswert
Würfelspiel		☐	☐	
		☐	☐	
		☐	☐	
		☐	☐	
		☐	☐	

Aufgabe 1
Ein Mitbewerber hat eine Produktneuheit der letzten Spielwarenmesse im Schaufenster ausgestellt. Auf einem Werbeplakat stellt er das CE-Zeichen als Nachweis für besondere Produktsicherheit heraus. Nehmen Sie dazu kritisch Stellung.

Aufgabe 2
Nach einer Umfrage im Auftrag der Verbraucherschutzorganisation „foodwatch“ stimmen 84 Prozent der Befragten für eine Pflicht zur farblichen Kennzeichnung der Nährwertangaben für Zucker, Salz, Fett und gesättigte Fettsäuren. Jedoch wehrt sich die Lebensmittelindustrie gegen die sogenannte „Ampelkennzeichnung“.

Nennen Sie Argumente für und gegen die Kennzeichnung von Lebensmitteln mit Ampelfarben.

Erläuterung:

rot	Hinweis auf hohe Anteile des jeweiligen Nährstoffs
gelb	Hinweis auf mittlere Anteile des jeweiligen Nährstoffs
grün	Hinweis auf geringe Anteile des jeweiligen Nährstoffs

Aufgabe 3
Immer mehr Hersteller kennzeichnen ihre Artikel mit Umweltsymbolen.

a) Nennen Sie drei Beispiele für Artikel, die mit Umweltsymbolen gekennzeichnet sind.
b) Welche Erwartungen haben Kunden an diese Artikel?
c) Können Kunden in jedem Fall auf die Symbole vertrauen? Nehmen Sie dazu kritisch Stellung.

Aufgabe 4
Lena Friedrich und Klaus List haben die Abteilungsleiter der Beska GmbH zu einem Krisengespräch gerufen. Ihnen liegt eine noch nicht veröffentlichte Pressemitteilung vor:

Kurz notiert

Warnung: Der Gerätehersteller Phillip Braun AG warnt vor der Kaffeemaschine „Typ Brazil“, deren Wasserbehälter wegen eines Produktionsfehlers platzen könnte. Betroffen sind ausschließlich Geräte mit dem Produktionscode IB 3210, LR 5320 oder DL 1408.

dpa

Friedrich und List beratschlagen mit ihren Abteilungsleitern die weitere Vorgehensweise zur Abwendung eines größeren Schadens. Die Beska GmbH hatte im vorigen Monat in einer Sonderaktion 58 Geräte dieses Modells verkauft. Sie hat aktuell noch 12 Stück davon auf Lager.

a) Erklären Sie im Zusammenhang mit dieser Situation die Bedeutung der Warenkennzeichnung.
b) Welche kundenorientierten Maßnahmen sollte die Beska GmbH ergreifen?

Aufgabe 5
„Tue Gutes und rede darüber“, so lautet ein Werbespruch eines Anbieters im Internet. Die angebotenen Artikel sind alle mit einem Symbol für „fairen Handel“ gekennzeichnet. Wofür stehen die Symbole für „fairen Handel“ und welche Bedeutung hat in diesem Zusammenhang der Werbespruch?

Aufgabe 6
Der zunehmende Kostendruck bei Herstellern und Händlern bewirkt, dass immer mehr Fälschungen und „Billigprodukte“ in die Regale des Händlers gelangen, die den Mindeststandard bei der Produktsicherheit nicht gewährleisten. Herr Werner ist Einkäufer der Werkzeugabteilung eines Warenhauses und möchte sich als verantwortlicher Mensch über die Gefährdungsmöglichkeiten eines Produktes informieren.

a) Ist Herr Werner als Einkäufer für die Risikobewertung eines Produktes mit verantwortlich?
b) Welche Zeichen sagen etwas über die Produktsicherheit aus? Nennen Sie drei Beispiele.

Lernsituation 42 Preisauszeichnung

Kapitel 3

Situation

Hausmitteilung

Datum: ______________

Beska
BERLINER SUPERKAUF GMBH

Absender	Empfänger	Weiterverwendung
[X] Geschäftsleitung	[ ] Geschäftsleitung	[ ] zur Kenntnisnahme
[ ] Verwaltung/Verkauf	[X] Verwaltung/Verkauf	[X] zur Erledigung
[ ] Warengruppe ______	[ ] Warengruppe ______	[ ] zur Stellungnahme
[ ] Frau/Herr ______	[ ] Frau/Herr ______	

In der Berliner Handelswoche ist heute beiliegender Artikel erschienen, nach dem die Preisauszeichnung besonders bei Warenhäusern häufig nicht den gesetzlichen Bestimmungen entspricht. Veranlassen Sie die Überprüfung der Preisauszeichnung in unserem Haus. Geben Sie in einer kurzen Mitarbeiterschulung Informationen über die rechtlichen Vorschriften zur Preisauszeichnung. Weisen Sie gleichzeitig darauf hin, dass die Preisauszeichnung in unserem Hause ein wirksames Werbemittel sein soll.

K. List

Aufträge

1. Erstellen Sie eine Checkliste über gesetzlich vorgeschriebene und freiwillige Angaben bei der Preisauszeichnung.
2. Entwerfen Sie ein informatives und attraktives Preisschild für einen Aktionsartikel (Artikel Ihrer Wahl), das alle gesetzlich vorgeschriebenen Angaben enthält. Stellen Sie Ihr Arbeitsergebnis der Geschäftsleitung vor.
3. Eine ordnungsgemäße Preisauszeichnung muss den Grundsätzen von Preiswahrheit und Preisklarheit entsprechen. Welche Konsequenz haben diese Vorgaben für die Auszeichnung von Preisen
   - am Regal
   - auf Plakaten
   - an der Ware
   - in Katalogen?

Berliner Handelswoche

Quelle: Autorentext

Der Handel ignoriert seine Preisauszeichnungspflicht

Konsum – Höchste Mängelquote bei Warenhäusern · Von Cornelia Cornelsen

DÜSSELDORF – Der Handel scheint sich immer weniger an seine Pflicht zur Preisauszeichnung zu halten. Das ergab eine Untersuchung des Verbraucherschutzministeriums in Nordrhein-Westfalen.

Im Vergleich zur letzten derartigen Aktion vor einem Jahr sei die Zahl der Beanstandungen um mehr als vier Prozent gestiegen, erklärte die zuständige Ministerin gestern in Düsseldorf. Bei der Überprüfung von 20 554 Waren und Dienstleistungen im bevölkerungsreichsten Bundesland fanden die kommunalen Ordnungsbehörden in 2627 Fällen (12,8 Prozent) Grund zur Beanstandung, etwa wenn die Preisangaben ganz oder teilweise fehlten. Auch die seit September 2000 geltende Grundpreisauszeichnung, nach der für die meisten Fertigpackungen neben dem Endpreis auch die Angabe eines Grundpreises (z. B. Euro pro Liter) erforderlich ist, wird nach Angaben des Ministeriums immer wieder missachtet. Die Ministerin kritisierte, dass Teile des Handels ihre Pflicht zur korrekten Preisauszeichnung scheinbar nicht ernst nähmen. Innerhalb der jüngsten Aktion hätten die kommunalen Ordnungsbehörden daher in über 1600 Fällen Verwarnungen ausgesprochen und gegen 61 Händler sogar ein Bußgeld verhängt. Mit einer Mängelquote von 19,2 Prozent wiesen Warenhäuser die meisten Beanstandungen auf. Überdurchschnittlich hohe Beanstandungsquoten zeigten sich zudem beim Einzelhandel mit Obst und Gemüse (16,2 Prozent). Die Verbraucherschutzministerien anderer Bundesländer zeigten sich alarmiert und kündigten eigene Untersuchungen, insbesondere in Warenhäusern und Gemüseabteilungen, an, um die Einhaltung der Preisauszeichnungspflicht zu gewährleisten.

Arbeitsblatt 42.1 Preisauszeichnung

Wo muss bzw. kann die Preisauszeichnung erfolgen?

Vorteile der Preisauszeichnung für...

den Kunden

den Einzelhändler

Aufgabe 1
Wie funktioniert das Preisabrufverfahren? Erläutern Sie die einzelnen Ablaufschritte.
Welche Vorteile hat das Preisabrufverfahren für den Einzelhändler?

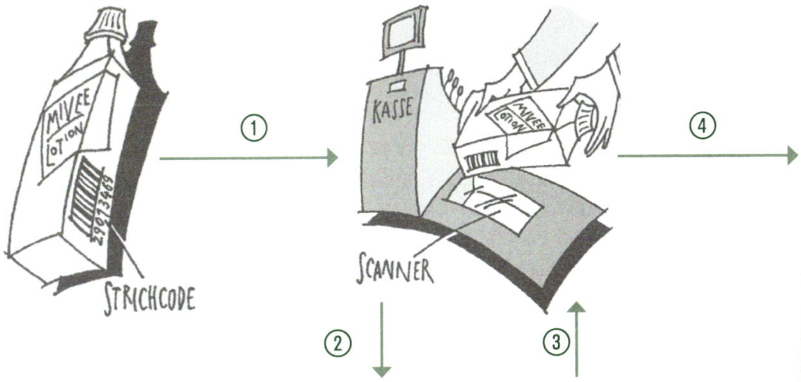

Auszug aus dem WWS-Beska:

Artikelnummer	Artikelbezeichnung	Preis
4455896321478	Mivee Lotion	4,89
6698126078965	Lippenstift Rose	5,98

Aufgabe 2
Nennen Sie Vorteile der elektronischen Preisauszeichnung für den Einzelhändler und den Kunden.

Aufgabe 3
Fehlbons an der Kasse werden u. a. durch eine fehlerhafte Preisauszeichnung verursacht.
Nennen Sie mögliche Fehlerquellen.

Aufgabe 4
Wofür stehen die eingetragenen Ziffern der 13-stelligen GTIN? Ordnen Sie folgende Begriffe sinnvoll zu.
① Fast hundertprozentige Eingabesicherheit
② Fix und Fertig GmbH Deutschland, Berlin
③ Individuelle Artikelnummer
④ Basisnummer
⑤ Topfi Kartoffelknödel Halb&Halb, 200 g

4	0	0	0	4	0	0	1	3	0	5	7	0
												Prüfziffer

Aufgabe 5
Die meisten verpackten Waren sind mit einer GTIN versehen.

a) Wofür steht die Abkürzung
b) Wer hat das Vergaberecht?
c) Wie kann die GTIN dargestellt werden?

Aufgabe 6
Immer mehr Einzelhändler wickeln ihre Beschaffungsvorgänge elektronisch ab. Welche Bedeutung hat in diesem Zusammenhang die GTIN?

Aufgabe 7

Sind die Angaben der Ziffern ① bis ⑥ auf folgendem Hängeetikett an einem Damenrock gesetzlich vorgeschrieben oder freiwillig?
Welche Informationen kann man dem Warenetikett entnehmen?

Aufgabe 8

Am Ende der Wintersaison wird der Preis des Damenrocks auf 49,90 € reduziert. Das Hängeetikett wird wie folgt überklebt.
Begründen Sie, ob diese Preisauszeichnung nach der Preisangabenverordnung zulässig ist.

Aufgabe 9

Alle Winterwaren werden zum Saisonende mit einem Preisnachlass von 40 % angeboten. Das Preisschild des Damenrocks wird mit folgendem Klebeetikett versehen.
Ist diese Preisauszeichnung zulässig?

Aufgabe 10

Wie beurteilen Sie folgenden Fall?

Nachrichten

Kaufweg muss zahlen

Die Handelskette Kaufweg AG wurde heute zu einem Bußgeld wegen eines Verstoßes gegen die Preisangabenverordnung verurteilt. Kaufweg hat in einer Zeitungsbeilage für einen Monitor zum Preis von 179,00 Euro geworben. Eine Preisumstellung am Regal hat man aber vergessen, der Monitor war noch mit 199,00 Euro ausgezeichnet. Allerdings wurde den Kunden an der Kasse nur der beworbene Preis von 179,00 Euro berechnet.

dpa

Aufgabe 11

Kontrolleure der Preisüberwachung stellen fest, dass Waren im Schaufenster vielfach nicht oder fehlerhaft ausgezeichnet sind. Dagegen wollen sie mit allen Konsequenzen vorgehen. Mit welchen Konsequenzen muss ein Einzelhändler bei einem Verstoß gegen die Preisangabenverordnung rechnen?

Aufgabe 12

Vier Wochen vor Ostern startet die Beska GmbH eine Sonderplatzierung mit verschiedenen Schokoladenartikeln der Firma Mindt. Sie verzichtet dabei auf eine Regal- oder Einzelpreisauszeichnung, stattdessen stellt sie ein Schild mit folgendem Hinweis auf: „Es gelten die Preisangaben auf den Verpackungen."

Eine Kundin sucht auf einer Schachtel Trüffeleier nach dem Preis, findet diesen aber nicht. Sie ärgert sich deshalb und sagt zu dem Verkäufer Thorsten Töller: „Man kann ja überhaupt nicht erkennen, wie viel diese Trüffelpralinen kosten!" Töller weist auf den Preis von 12,90 € auf der Rückseite der Pralinenschachtel hin. Ist diese Art der Preisangabe zulässig?

Aufgabe 13

Lena Friedrich entdeckt rechtswidrige Preisangaben in den Schaufenstern ihrer Mitbewerber.

a) Gegen welche Bestimmungen der Preisangabenverordnung verstoßen folgende Anzeigen?
b) Ein Verstoß gegen die Preisauszeichnungspflicht kann als Ordnungswidrigkeit bestraft werden. Wer überwacht die Einhaltung der Vorschriften?

Anzeige 1

Anzeige 2

Anzeige 3

Anzeige 4

Kapitel 1, 3, 4

Lernsituation 43 Absatzwerbung

Situation

Hausmitteilung

Datum: ____________________

Beska
BERLINER SUPERKAUF GMBH

Absender	Empfänger	Weiterverwendung
☒ Geschäftsleitung	☐ Geschäftsleitung	☐ zur Kenntnisnahme
☐ Verwaltung/Verkauf	☐ Verwaltung/Verkauf	☒ zur Erledigung
☐ Warengruppe ____________	☒ Warengruppe 01 – 09	☐ zur Stellungnahme
☐ Frau/Herr ____________	☐ Frau/Herr ____________	

Die letzte Quartalsauswertung unseres Warenwirtschaftssystems hat für einige Warengruppen im Vergleich zum Vorjahr deutliche Umsatzrückgänge aufgezeigt (siehe Ausdruck). Im Rahmen einer Reihe von Marketingaktivitäten planen wir auch umfangreiche Werbemaßnahmen, um in den nächsten Monaten wieder Umsatzsteigerungen zu erzielen. Unterbreiten Sie der Geschäftsleitung Ihre Vorschläge für eine Werbung in Form eines Werbeplans für Ihre Warengruppe und treffen Sie Entscheidungen hinsichtlich folgender Punkte:

- Werbeziel
- Werbeobjekt
- Streukreis
- Streugebiet
- Werbemittel
- Werbeträger
- Streuzeit

Ihnen steht zunächst ein Werbeetat von 10.000,00 € zur Verfügung, der aber bei begründeten Vorschlägen ausgeweitet werden kann.
Bitte berücksichtigen Sie auch die ersten Angebote für Werbemaßnahmen, die bereits bei uns eingegangen sind (siehe Anlagen).

K. List

Aufträge

1. Bilden Sie branchenbezogene Gruppen und entwickeln Sie nach den Vorgaben der Hausmitteilung einen Werbeplan für Ihre Abteilung. Nutzen Sie hierfür den Vordruck des Werbeplans (Arbeitsblatt 43.1).

2. Stellen Sie Ihren Werbeplan der Klasse vor und begründen Sie Ihre jeweiligen Entscheidungen.

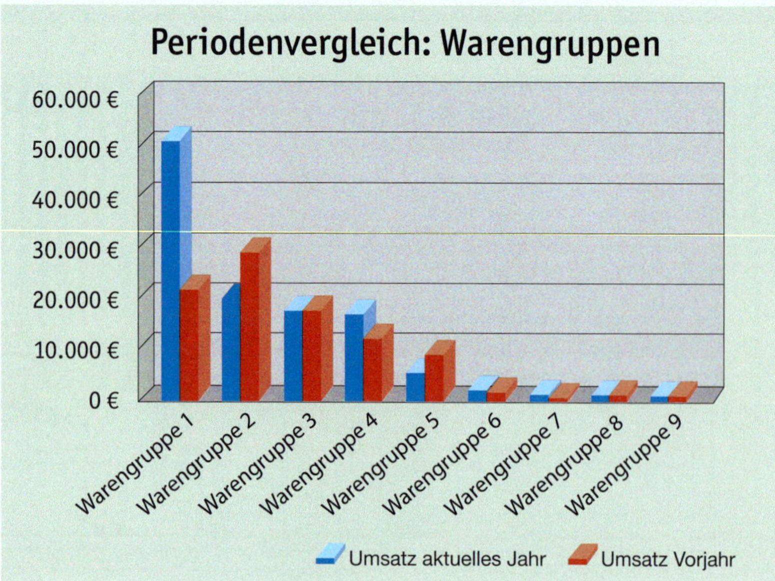

TRANSLETTER GMBH
Ihre Werbeagentur mit Erfolgsgarantie

Transletter GmbH · Littenstraße 12 · 10715 Berlin

Berliner Superkauf GmbH
z. H. Herrn Klaus List
Tauentzienstr. 60
10789 Berlin

Eingegangen
23/xx/xx

Ihr Zeichen	Ihre Nachricht vom	Unser Zeichen	Unsere Nachricht vom	Telefon 030	Datum
kl	xx.xx.xx	mp		3791	xx.xx.xx

Angebot

Sehr geehrter Herr List,

bezüglich Ihrer Anfrage bieten wir Ihnen heute frei bleibend an:

- Druck farbiger Handzettel DIN A5 je 10.000 Stück 950,00 €
- Schaufensterdekoration wie beschrieben je Fenster 1.700,00 €

Die Preise verstehen sich zzgl. der gesetzlichen Umsatzsteuer.
Wir bedanken uns schon jetzt für Ihr Vertrauen und freuen uns auf unsere Zusammenarbeit.

Mit freundlichen Grüßen

i. A. Martin Pauly

Bankverbindungen
Deutsche Bank Berlin (BLZ 100 700 00)
Konto.Nr.: 100 110 300

Geschäftsführerin
Waltrud Pauly

Amtsgericht Berlin
HR B 34 71

Kurznotiz

Angebot der Stadtmarketinggesellschaft Berlin

- Werbeflächen auf städtischen Bussen zu vermieten, Erstlackierung 700,00 €
- Mietzahlung je Bus und Monat 570,00 €

Angebot der Media Group AG

- Dia-Kinowerbung im Cinemaxx am Potsdamer Platz; Herstellung des Spots und Präsentation für sechs Monate 3.600,00 €
- Inserat in der Berliner Morgenpost
  Preis 1/1 Seite 6.700,00 €
  Preis 1/2 Seite 3.400,00 €
- Produktion eines Werbespots für das lokale Radio 1.000,00 €
  Kosten je Ausstrahlung 100,00 €

...

Arbeitsblatt 43.1 Werbeplan

BESKA
BERLINER SUPERKAUF GMBH

Werbeplan der Beska GmbH

Warengruppe ____________________

Inhalte	Ihre Entscheidungen

Arbeitsblatt 43.2 Teilbereiche eines Werbeplans

Streukreis

Streugebiet

Werbeziel

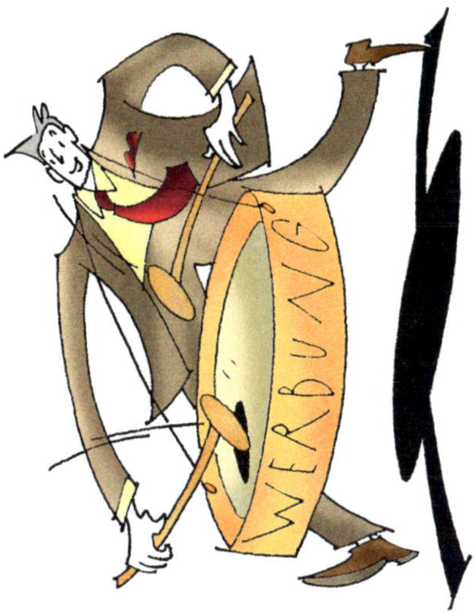

Streuzeit

Werbebotschaft

Werbemittel und Werbeträger

Werbeetat

Arbeitsblatt 43.3 Absatzwerbung

Absatzwerbung …

versucht, ______________________________

____

… wird unterschieden nach den		… bedient sich unterschiedlicher		… kann Erfolg zeigen durch Kennzahlen wie
Werbezielen	Werbearten	Werbeträger	Werbemittel	
1. ________	1. ________	1. ________	1. ________	1. ________
2. ________	2. ________	2. ________	2. ________	2. ________
3. ________	3. ________	3. ________	3. ________	3. ________

Werbung hat für den Verbraucher

Vorteile:	1. ________	2. ________	3. ________	4. ________
aber auch Nachteile:	1. ________	2. ________	3. ________	

Vor Manipulation schützt sich der Verbraucher am besten durch

____

____

Aufgabe 1
Welche Werbemaßnahmen gehören zur Absatzwerbung?

Aufgabe 2
Was soll mit Hilfe von Werbung für das Unternehmen erreicht werden?

Aufgabe 3
Was versteht man unter Einzel- bzw. Kollektivwerbung?

Aufgabe 4
Unterscheiden Sie:
a) Gemeinschaftswerbung
b) Sammelwerbung
c) Verbundwerbung

Aufgabe 5
Welche Grundsätze sind bei der Absatzwerbung zu beachten? Erklären Sie die Grundsätze mit Hilfe einer allgemein bekannten Werbung (z. B. LBS, Saturn, Media Markt).

Aufgabe 6
Unternehmen achten bei der Gestaltung von Werbung unter anderem auch auf die gesellschaftliche Akzeptanz von Werbung. Was verstehen Sie unter diesem Werbegrundsatz? Untersuchen Sie, ob dieser Grundsatz auch wirtschaftliche Auswirkungen hat.

Aufgabe 7
Die Werbebranche hat freiwillig ein Kontrollgremium installiert, den deutschen Werberat. Welche Aufgaben übernimmt diese Institution?

Aufgabe 8
Unterscheiden Sie:
a) Werbebotschaft
b) Werbemittel
c) Werbeträger

Aufgabe 9
Je nach Werbeobjekt und Zielgruppe werden unterschiedliche Werbeträger und Werbemittel eingesetzt. Geben Sie fünf Beispiele an, welche Werbeträger und Werbemittel Sie für Ihre Produkte aus dem Ausbildungssortiment, bezogen auf die jeweilige Zielgruppe, verwenden würden. Begründen Sie Ihre Entscheidung.

Aufgabe 10
Die AIDA-Formel spielt für eine erfolgreiche Werbung eine große Rolle. Erläutern Sie diese Formel anhand folgender Werbung.

Aufgabe 11
Für die Planung der Werbung ist ein klarer Ablauf zwingend notwendig. Erläutern Sie die Schritte, die Sie für eine Werbeplanung umsetzen würden, und begründen Sie die Reihenfolge Ihrer Schritte.

Aufgabe 12
Bei der Aufstellung eines Werbeplans ist unter anderem die Entscheidung hinsichtlich des Streukreises, des Streugebiets und der Streuzeit notwendig. Unterscheiden Sie die drei Begriffe Streukreis, Streugebiet und Streuzeit und geben Sie für jeden Begriff ein Beispiel an.

Aufgabe 13
Sie werden beauftragt, zur Umsatzsteigerung im Absatzgebiet Hamburg/Schleswig-Holstein eine Werbung zu konzipieren, deren Streukreis möglichst geringe Streuverluste aufweist.
Welche Werbeträger würden Sie für diese Werbung vorschlagen?

Aufgabe 14
Der Erfolg einer Werbung wird auch durch die Kennzahl Aufmerksamkeitsgrad gemessen. Erläutern Sie die Berechung dieser Kennzahl.

Aufgabe 15
a) Erklären Sie den Begriff Werberendite anhand eines eigenen Beispiels.
b) Warum spricht man unter Umständen auch bei gleich bleibenden Umsätzen von einem Werbeerfolg?

Aufgabe 16
In den Medien wird häufig vor den Gefahren der Werbung gewarnt. Worin sehen Sie die Gefahren der Werbung und wie schätzen Sie ihre Bedeutung für den Verbraucher ein? Inwieweit sind Sie selbst schon durch Werbung in „Gefahr" gekommen?

Aufgabe 17
Sammeln Sie Beispiele von Werbungen Ihrer Ausbildungsbetriebe oder der Hersteller der Produkte Ihres Ausbildungssortiments und stellen Sie diese in Ihrer Klasse vor. Erläutern Sie, welche Zielgruppe mit dieser Werbung angesprochen werden sollte und inwieweit das Ihrem Ausbildungsbetrieb bzw. dem Hersteller Ihrer Meinung nach gelungen ist.

Aufgabe 18
Auch für die Erstellung von Werbebriefen ist die Beachtung der AIDA-Formel hilfreich. Erläutern Sie, wie Sie unter der Beachtung dieser Formel einen erfolgreichen Werbebrief schreiben können.

Aufgabe 19
Der Werbebrief ist ein wichtiger Bestandteil der Werbung des Einzelhändlers. Zahlreiche Tipps erleichtern Ihnen die Erstellung eines Werbebriefes. Erläutern Sie fünf Tipps, die Ihrer Meinung nach den größten Nutzen für einen erfolgreichen Werbebrief bringen und begründen Sie Ihre Entscheidung.

Aufgabe 20
Sie sollen für Ihre Kunden einen Werbebrief schreiben, in dem Sie auf neue Produkte einer Abteilung Ihres Ausbildungssortiments aufmerksam machen. Auf Grund welcher Informationen des Warenwirtschaftssystems wählen Sie die Kundenadressen aus?
Schreiben Sie diesen Brief unter Berücksichtigung der DIN 5008.

Aufgabe 21
Der Verbraucherschutz versucht durch seine gesetzlichen Regelungen den Kunden vor einer ganzen Reihe von Problemen zu schützen, vor denen der bei seinen Einkäufen steht. Erläutern Sie drei dieser Probleme des Verbrauchers.

Aufgabe 22
Durch Inkrafttreten des Verbraucherinformationsgesetzes hat der Gesetzgeber den Verbraucherschutz weiter ausgebaut. Erläutern Sie die wesentlichen Regelungen dieses Gesetzes.

Aufgabe 23
Welche Aufgaben übernehmen die Verbraucherzentralen im Rahmen des Verbraucherschutzes?

Lernsituation 44 Verkaufsförderung

Kapitel 2

Situation

Hausmitteilung

Datum: ______________

Beska
BERLINER SUPERKAUF GMBH

Absender	Empfänger	Weiterverwendung
☒ Geschäftsleitung	☐ Geschäftsleitung	☐ zur Kenntnisnahme
☐ Verwaltung/Verkauf	☒ Verwaltung/Verkauf	☒ zur Erledigung
☐ Warengruppe ______	☐ Warengruppe ______	☐ zur Stellungnahme
☐ Frau/Herr ______	☐ Frau/Herr ______	

Wie Sie sicherlich heute Morgen aus der Zeitung erfahren haben, ist der „verkaufsoffene Sonntag“ nun endgültig genehmigt worden. Ich erwarte Ihre ersten Konzepte für die Umsetzung der von mir angekündigten Verkaufsförderungsmaßnahmen in Ihren Abteilungen bis Ende der Woche.

K. List

Am schwarzen Brett der Beska hängt der folgende Zeitungsartikel der Berliner Handelswoche.

Berliner Handelswoche

Verkaufsoffener Sonntag auf der Tauentzienstraße

Handel: Besondere Verkaufsförderungsmaßnahmen geplant

Von Cornelia Cornelsen

BERLIN – Um die Attraktivität der Einkaufsmeile an der Tauentzienstraße beizubehalten, wurde vom Rat der Stadt ein verkaufsoffener Sonntag genehmigt.

Jenseits der Diskussion um längere Ladenöffnungszeiten wurde gestern im Rat der Stadt ein verkaufsoffener Sonntag für die Einzelhandelsbetriebe auf der Tauentzienstraße genehmigt. „Für unseren Standort ist es wichtig, die Attraktivität unseres Sortiments und die hohe Qualifikation unseres Personals auch einmal mit besonderen Verkaufsförderungsaktionen an einem Sonntag zu beweisen“, sagte Klaus List, Geschäftsführer der Beska GmbH. Auch die Geschäftsführer aller anderen beteiligten Betriebe zeigten sich glücklich über die Genehmigung. „Wir werden noch in dieser Woche in den einzelnen Abteilungen Konzepte entwickeln, um unsere Kunden am Point of Sale von unserer Leistungsfähigkeit zu überzeugen. Ich vertraue in dieser Hinsicht voll auf die Kompetenz meiner Mitarbeiter“, erklärte Klaus List gegenüber der Handelswoche.

Quelle: Autorentext

Auftrag

Erstellen Sie für eine Warengruppe Ihrer Wahl ein Konzept für eine Verkaufsförderungsmaßnahme an diesem Sonntag. Verwenden Sie Arbeitsblatt 44.1.

Arbeitsblatt 44.1 Konzept der Verkaufsförderung

	Beschreibung der Verkaufsförderungsmaßnahme
Warengruppe(n)	
beteiligte Artikel	
Mitarbeiteranzahl	
benötigte Materialien	
Terminplanung/ Zeitkalkulation	

Arbeitsblatt 44.2 Verkaufsförderung

Verkaufsförderung		
Ziele	Maßnahmen	Unterschiede zur Werbung

Aufgabe 1
Was unterscheidet die Verkaufsförderung von den anderen Werbearten?

Aufgabe 2
Welches Ziel wird durch gezielte Verkaufsförderung hauptsächlich verfolgt?

Aufgabe 3
Im Einzelhandel gibt es verschiedene Arten der Verkaufsförderung. Nennen und erläutern Sie die drei Arten der Verkaufsförderung und geben Sie für jede Art drei Beispiele.

Aufgabe 4
Mit der Verkaufsförderung sind Vorteile und Nachteile für den Einzelhändler verbunden. Beschreiben Sie jeweils drei Vorteile und Nachteile und entscheiden Sie grundsätzlich, ob der Einzelhändler neben der Absatzwerbung auch Maßnahmen der Verkaufsförderung umsetzen sollte.

Aufgabe 5
Für welche Waren oder Warengruppen eignen sich die folgenden Verkaufsförderungsmaßnahmen?

a) Display- und Dekorationsmaterial vor den einzelnen Warenträgern
b) Gutscheine für den kostenlosen Erwerb bestimmter Produkte
c) Sonderangebote in Form von Einführungspreisen
d) Produktvorführungen im Verkaufsraum durch Mitarbeiter der Herstellerunternehmen
e) Verkostungen im Lebensmitteleinzelhandel
f) Warenproben, insbesondere im Kosmetikeinzelhandel
g) Preisausschreiben
h) Lautsprecherdurchsagen
i) besondere Warenplatzierungen auf Aktionsflächen
j) Verkaufsaktionen mit prominenten Personen wie Sportlern und Schauspielern
k) auffällige Beschriftungen an Regalen und auf den Laufwegen der Kunden
l) Lichtschriften mit Hilfe von Beamern an Wänden, Decken und Fußböden

Aufgabe 6
Als eine Maßnahme der Verkaufsförderung nutzen viele Einzelhändler den Verkauf von Geschenkgutscheinen.

a) Erläutern Sie den rechtlichen Hintergrund von Geschenkgutscheinen.
b) Für die Einlösung der Geschenkgutscheine setzen die Einzelhändler häufig Fristen. Erläutern Sie auch hier die rechtlichen Bestimmungen, die sich durch eine Vielzahl von Gerichtsurteilen entwickelt haben.

Aufgabe 7
Neben den Geschenkgutscheinen setzen viele Einzelhändler auch auf Coupons als weiteres Mittel der Verkaufsförderung.

a) Welche Ziele verfolgt der Einzelhändler mit dem Einsatz von Coupons?
b) Wie kommen die Coupons zum Kunden?
c) Welche Leistungen können die Kunden vom Einzelhändler bei der Vorlage von Coupons verlangen?

Aufgabe 8
Es gibt eine Vielzahl von verschiedenen Arten und Formen von Coupons. Unterscheiden und erläutern Sie den

a) Bundling-Coupon,
b) Rabatt-Coupon,
c) Treue-Coupon,
d) Sampling-Coupon.

Aufgabe 9
Beschreiben Sie eine Verkaufsförderungsmaßnahme, die Sie aus Ihrem Ausbildungsbetrieb kennen.

Aufgabe 10
Sie werden beauftragt, für die neue Käsesorte „Meerdammer" eine komplette Verkaufsförderungsaktion zu planen. Welche Maßnahmen eignen sich dazu?

Lernsituation 45 Werbeerfolgskontrolle

Hausmitteilung

Datum: ______________

Beska
BERLINER SUPERKAUF GMBH

Absender	Empfänger	Weiterverwendung
[X] Geschäftsleitung	[ ] Geschäftsleitung	[ ] zur Kenntnisnahme
[ ] Verwaltung/Verkauf	[ ] Verwaltung/Verkauf	[X] zur Erledigung
[ ] Warengruppe ______	[X] Warengruppe 01-09	[ ] zur Stellungnahme
[ ] Frau/Herr ______	[ ] Frau/Herr ______	

Benötige dringend die betriebswirtschaftliche Auswertung unseres „verkaufsoffenen Sonntags“, liegen schon erste Ergebnisse vor? Die Kosten der ganzen Veranstaltung waren ja wieder erheblich. Die Kosten für die zusätzlichen Verkaufsförderungsmaßnahmen müssen sich doch gelohnt haben, oder?

K. List

Voller Erfolg: Verkaufsoffener Sonntag bei der Beska

Handel: Durchweg positive Reaktionen der Kunden

Von Cornelia Cornelsen

BERLIN – Am vergangenen Sonntag waren wie im letzten Jahr die Geschäfte rund um die Tauentzienstraße geöffnet (Handelswoche berichtete) und zogen trotz schlechten Wetters zahlreiche interessierte Kunden an.

Während unserer kurzen Handelswoche-Befragung bei der Beska GmbH zeigten sich die Kunden zufrieden bis begeistert von der Möglichkeit, in Ruhe am Sonntag einzukaufen. Besonders die Verkaufsförderungsaktionen der Beska stießen auf ein positives Echo. Klaus List, Geschäftsführer der Beska: „Der betriebswirtschaftliche Erfolg dieser werblichen Maßnahme wird zurzeit von unseren Mitarbeitern ermittelt, schließlich haben unsere Aktionen auch so einiges gekostet." Wie schon im letzten Jahr waren alle teilnehmenden Einzelhändler sehr zufrieden und hoffen auf einen Umsatzschub durch den Werbesonntag.

Quelle: Autorentext

Zusammengefasste Kostenaufstellung für den verkaufsoffenen Sonntag vorigen Jahres

• Wareneinsatz	33.850,00 €
• Strom	800,00 €
• Versicherung	1.010,00 €
• Personalkosten	8.000,00 €
• Kosten für Verkaufsförderungsaktionen	300,00 €
• Security/Bewachung	400,00 €

Zusammengefasste Kostenaufstellung für den verkaufsoffenen Sonntag diesen Jahres

• Wareneinsatz	34.120,00 €
• Strom	850,00 €
• Versicherung	1.020,00 €
• Personalkosten	8.800,00 €
• Kosten für Verkaufsförderungsaktionen	2.700,00 €
• Security/Bewachung	420,00 €

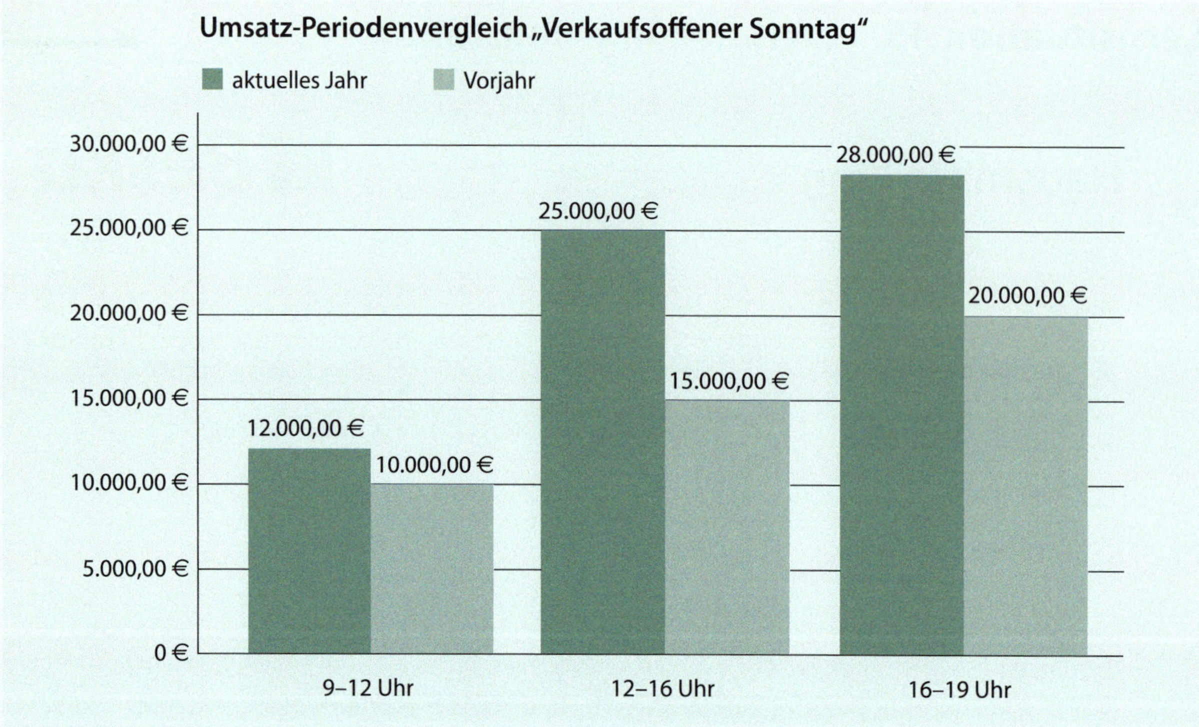

Aufträge

1. Führen Sie für den verkaufsoffenen Sonntag eine Werbeerfolgskontrolle durch.

Werbeerfolgskontrolle				Veränderung gegenüber Vorjahr +/– €
Vorjahr		**aktuelles Jahr**		
Tagesumsatz	€	Tagesumsatz	€	€
– Gesamtkosten (ausschließlich Verkaufsförderung)	€	– Gesamtkosten (ausschließlich Verkaufsförderung)	€	€
– Verkaufsförderung	€	– Verkaufsförderung	€	€
= Ergebnis	€	= Ergebnis	€	€
			Werberendite	

2. Erklären Sie kurz die Aussage der Tabellendaten.

3. Warum ist auf Grund dieser Berechnung dennoch keine genaue Aussage über den Erfolg der Verkaufsförderungsmaßnahmen möglich?

4. Trotz des guten Erfolgs waren die Kosten für Werbung relativ hoch.
Welche Möglichkeiten empfehlen Sie, um bei der Werbung oder Verkaufsförderung mit benachbarten Einzelhändlern zusammenzuarbeiten?

Arbeitsblatt 45.1 Werbeerfolgskontrolle

Kann unter Umständen mit folgenden Daten erfolgen:	Ergibt sich aus folgenden Kennzahlen:	Ist aus folgenden Gründen nicht frei von Fehlern:

Aufgabe 1
Beschreiben Sie zusammenfassend, wie eine Werbeerfolgskontrolle durchgeführt werden kann und welche grundsätzlichen Probleme hierbei auftreten können.

Aufgabe 2
Erläutern Sie kurz, wie in Ihrem Ausbildungsbetrieb die Werbeerfolgskontrolle durchgeführt wird.

Aufgabe 3
Welche Daten geben Aufschluss über den Erfolg einer Werbeaktion?

Aufgabe 4
Erklären Sie den Unterschied zwischen ökonomischer und außerökonomischer Werbeerfolgskontrolle.

Aufgabe 5
Für die Werbeerfolgskontrolle können unterschiedliche Kennzahlen berechnet werden. Erläutern Sie die Kennzahlen Marktanteil und Aufmerksamkeitsgrad und geben Sie jeweils die Formel zu ihren Berechnungen an.

Aufgabe 6
In welchem Fall kann selbst eine Umsatzstagnation eine Folge erfolgreicher Werbung sein?

Aufgabe 7
Die Beska GmbH hat im letzten Anzeigenblatt aus der Warengruppe 01 die Artikelgruppe „Rasierkosmetik, Männer“ und aus der Warengruppe 02 die Artikelgruppe „Papier“ beworben. Zwei Wochen darauf wird festgestellt, dass die „Rasierkosmetik“ einen Umsatzzuwachs von 12 % durch die Werbung erzielt hat und „Papier“ um 17 % im Umsatz gestiegen ist.

a) Der Umsatz betrug in dem Vergleichszeitraum ohne Werbung für „Rasierkosmetik“ 22.000,00 € und für „Papier“ 18.000,00 €. Berechnen Sie den Umsatz, der durch die Werbung erzielt wurde.

b) Lässt sich daraus für die Abteilungsleiter der Beska GmbH ablesen, ob sich die Werbung gelohnt hat?

c) Berechnen Sie die Werberendite, wenn der Kostenanteil aus der Werbung für „Rasierkosmetik“ 2.000,00 € ausmacht und bei „Papier“ der Kostenanteil mit 2.500,00 € errechnet worden ist.

d) Bestimmen Sie, bei welcher Artikelgruppe sich die Werbung mehr gelohnt hat. (Alle anderen Einflüsse sollen dabei nicht berücksichtigt werden.)

Aufgabe 8
Ein Einzelhandelsunternehmen möchte eine Werbeanzeige in einer Zeitung aufgeben. Folgende Angebote liegen vor:

	Zeitung A	Zeitung B
Auflage	450.000 Leser/Ausgabe	820.000 Leser/Ausgabe
Seitenpreis	15.890,00 €/Seite	21.750,00 €/Seite

a) Entscheiden Sie rechnerisch begründet, welche Zeitung aus Kostensicht zu empfehlen ist.

b) Geben Sie drei weitere Entscheidungskriterien an, die neben der Kostenprüfung Einfluss auf die Auswahl der Zeitung haben sollten.

Lernsituation 46

Kapitel 5

Gesetz gegen den unlauteren Wettbewerb (UWG)

Situation

Hausmitteilung

Datum: ____________________

Beska
BERLINER SUPERKAUF GMBH

Absender	Empfänger	Weiterverwendung
[X] Geschäftsleitung	[ ] Geschäftsleitung	[ ] zur Kenntnisnahme
[ ] Verwaltung/Verkauf	[X] Verwaltung/Verkauf	[X] zur Erledigung
[ ] Warengruppe ________	[ ] Warengruppe ________	[ ] zur Stellungnahme
[ ] Frau/Herr ________	[ ] Frau/Herr ________	

Jetzt reicht's!
Anbei liegende absatzfördernde Maßnahmen hat die Kaufweg AG im letzten Monat unters Volk gebracht, ich habe meine Notizen beigefügt.
Müssen wir uns das bieten lassen?
Sorgen Sie ggf. dafür, dass die Kaufweg AG dieses Verhalten zukünftig unterlässt!

K. List

Beska
BERLINER SUPERKAUF GMBH

Beska Berliner Superkauf GmbH · Tauentzienstraße 60 · 10789 Berlin

Tauentzienstraße 60
10789 Berlin

Telefon 030 936-0
Telefax 030 936-14
E-Mail info@Beska.de

Ihr Zeichen, Ihre Nachricht vom | Ihr Zeichen, Ihre Nachricht vom | Telefon 030 936-0 | Datum

MUSTER

Beska
Berliner Superkauf GmbH

Tauentzienstraße 60, 10789 Berlin, Geschäftsführer Klaus List | Telefon 030 936-0, Fax 030 936-14, E-Mail info@Beska.de, Web www.Beska.de | Handelsregister Amtsgericht Berlin, HR B 98 72, Littenstr. 22–17, 10117 Berlin | Finanzamt Berlin Innenstadt, Siegstr. 235, 10249 Berlin, USt-IdNr. DE136543107 | Bankverbindungen Deutsche Bank, BLZ 100 700 00, Konto 178 604 423 | Bankgesellschaft Berlin, BLZ 100 200 00, Konto 103 016 402

Unterlassungserklärung

Die ____________________

akzeptiert hiermit, dass sie

vom ____________________

bis ____________________

gegen ____________________

MUSTER

____

____

(Nennung des Gesetzes, gegen das verstoßen wurde) verstoßen hat.

Die Kaufweg AG sichert dem/der

____________________ zu,

bei jeder weiteren Zuwiderhandlung sofort eine Vertragsstrafe in Höhe von

____________________ € an

____________________ zu zahlen.

Ort Datum

Unterschrift

Suuuuuper-Angebot aus unserem Sortiment:

Der allseits beliebte
City-Roller
bei uns und nur morgen:
Für 9,00 €

Der Kaufweg lässt es rollen ...

⚠ Warnung ⚠

an alle gesundheitsbewussten Verbraucher:

Wenn Sie garantiert *BSE*-freies Fleisch kaufen möchten, kommen Sie zu uns, kaufen Sie nicht bei der Beska GmbH, denn unsere Stichproben beweisen es:

Dort droht Gefahr!

Ihre OASE der Sicherheit, Gesundheit und Freude!
Der Kaufweg

Kaufweg – der Weg zum guten Aussehen

Reelook-Laufshirt

~~89,90 €~~ jetzt nur **29,00 €**

Für ein bezahlbares gepflegtes Äußeres:

Kommen Sie zum Kaufweg!

Bei uns pflegen Sie sich preiswerter:

Beispiele:	Beska GmbH	Kaufweg AG
Körperlotion	4,19 €	3,99 €
Rasierwasser	6,89 €	5,79 €
Seife	1,99 €	1,29 €

Warum freiwillig mehr bezahlen?

Ihr Kaufweg-Team

Arbeitsblatt 46.1

Mindmap zum Gesetz gegen den unlauteren Wettbewerb

Ergänzen Sie die vorliegende Mindmap zum UWG.

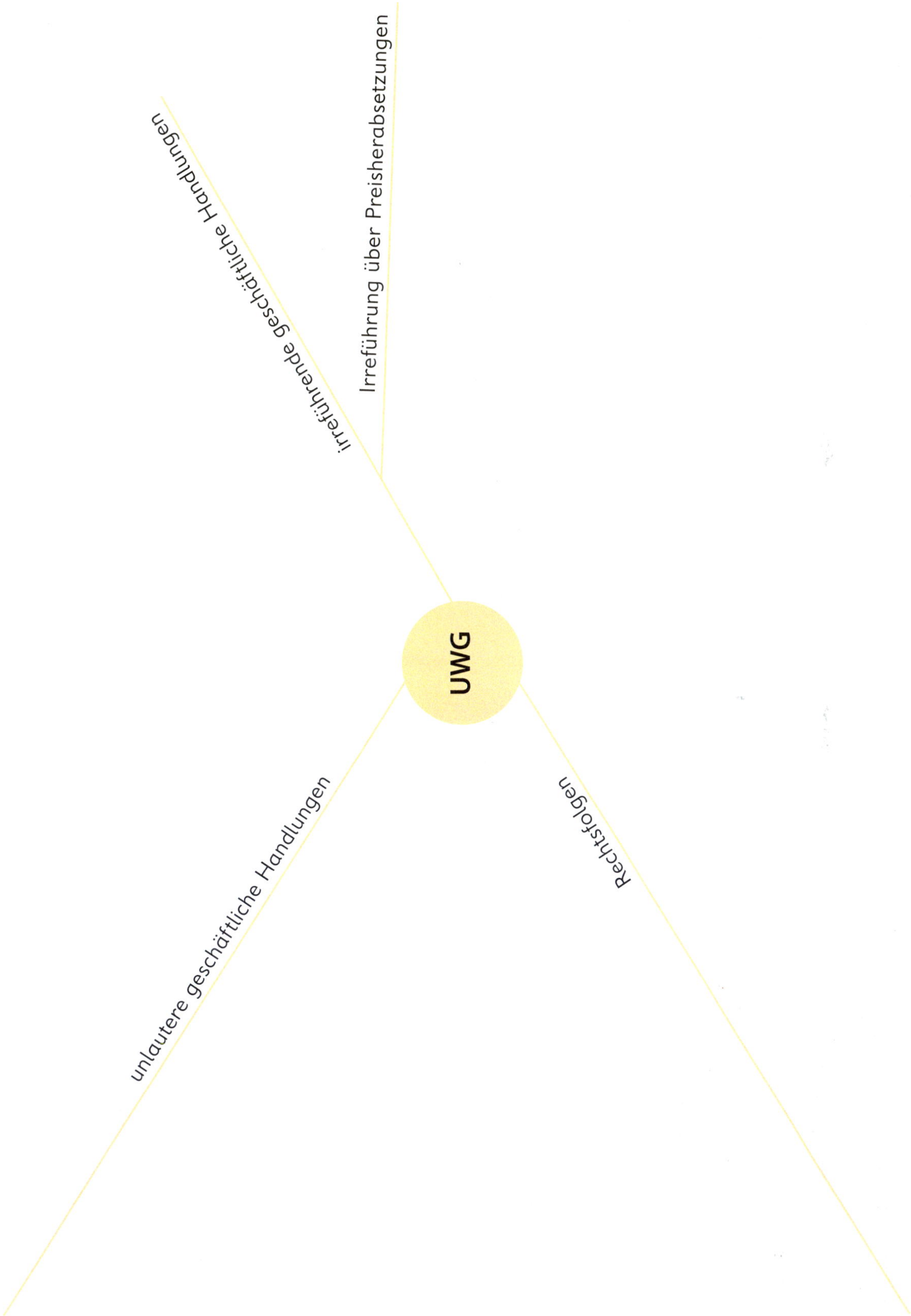

Aufgabe 1

Prüfen Sie, ob folgende absatzpolitische Maßnahmen gegen das UWG verstoßen, und begründen Sie Ihre Meinung.

a) Die Kaufweg AG bewirbt ihre Fahrräder mit folgendem Slogan: „Greifen Sie zu, nur noch wenige Exemplare." (aktueller Lagerbestand: 200 Stück)

b) Die Kaufweg AG verteilt in der City Flyer, auf denen steht: „Unsere Verkaufsfläche ist größer als die der Beska GmbH."

c) Die Kaufweg AG gewährt jedem Kunden bei Barzahlung einen Rabatt in Höhe von 5 %.

d) Die Kaufweg AG veranstaltet ein Preisausschreiben mit Preisen im Wert von 50.000,00 €. Damit Kunden an dieser Verlosung teilnehmen können, müssen sie vorab in der Kaufweg AG Waren im Wert von 100,00 € eingekauft haben.

e) Die Kaufweg AG preist in einem Werbeflyer ihr umfassendes Sortiment an.

f) Der Vorstandsvorsitzende der Kaufweg AG spielt Golf mit dem Filialleiter der „Schnelles-Geld-Bank" und erzählt, dass die Beska GmbH so gut wie pleite sei.

g) Die Kaufweg AG macht bei dem verkaufsoffenen Sonntag von 15:00 Uhr bis 18:00 Uhr mit. Es wird geworben mit echten „Sonntagsangeboten".

h) Die Kaufweg AG möchte sich von der Spielzeugabteilung trennen und wirbt deshalb mit einem Räumungsverkauf.

i) Der Einzelhändler Petsch möchte sein Geschäft aus Altersgründen aufgeben. Um seine Ware loszuwerden, veranstaltet er einen Räumungsverkauf.

j) Die Kaufweg AG hat von einer Wirtschaftsauskunft Kundenadressen gekauft. Diese Adressen nutzt die Kaufweg AG nun, um diese Kunden regelmäßig anzurufen und über Neuerungen im Sortiment zu informieren.

k) Die Kaufweg AG bewirbt die neue Warengruppe Bio-Haushaltsreiniger mit dem Slogan: „Putzen sie die Umwelt rein – das ist aktiver Umweltschutz."

l) Die Kaufweg AG wirbt im April in der Tageszeitung für Skistiefel: „Skistiefel für 99,00 € – Restposten aus der laufenden Saison." Am nächsten Tag sind die Skistiefel ausverkauft.

m) Der Teppichladen „Fliegender Orient" wirbt mit der Aussage: „Wegen totaler Geschäftsaufgabe 50 % Rabatt auf alle Teppiche." Nach vier Wochen wird diese Sonderveranstaltung eingestellt und das Geschäft wird ganz normal weitergeführt.

Aufgabe 2

Sichten Sie mitgebrachte Werbeanzeigen hinsichtlich des UWG und diskutieren Sie diese kontrovers in Ihrer Kleingruppe.

Aufgabe 3

Was versteht man unter einer Schleichwerbung?

Aufgabe 4

Wie kann sich ein Einzelhändler gegen einen Mitbewerber wehren, der mit unlauteren Methoden seinen Warenabsatz bewirbt?

Aufgabe 5

a) Sie haben einem Kunden ein hochwertiges Produkt für 289,00 € angeboten. Der Kunde ist sehr interessiert, sagt aber: „Ich nehme es nur, wenn Sie mir 25,00 € Rabatt gewähren!"
Dürfen Sie, rein rechtlich gesehen, dem Kunden diesen Rabatt gewähren oder laufen Sie Gefahr, mit dem Gesetz in Konflikt zu geraten?

b) Sie möchten dem Kunden keinen Rabatt gewähren. Formulieren Sie in wörtlicher Rede eine Antwort.

Lernsituation 47 Verpackungen

Hausmitteilung

Datum: ____________

Beska
BERLINER SUPERKAUF GMBH

Absender	Empfänger	Weiterverwendung
[X] Geschäftsleitung	[ ] Geschäftsleitung	[ ] zur Kenntnisnahme
[ ] Verwaltung/Verkauf	[ ] Verwaltung/Verkauf	[X] zur Erledigung
[ ] Warengruppe ______	[X] Warengruppe 01–09	[ ] zur Stellungnahme
[ ] Frau/Herr ______	[ ] Frau/Herr ______	

Im Rahmen der Mitarbeitermotivation und -schulung bieten wir auch dieses Jahr für alle Auszubildenden und Nachwuchskräfte die Teilnahme an einem Wettbewerb an. Bitte informieren Sie auf Ihrer nächsten Abteilungssitzung Ihre Mitarbeiter und Auszubildenden diesbezüglich. Nähere Informationen entnehmen Sie dem Aushang am schwarzen Brett.

K. List

Informationen für unsere Mitarbeiter

Verpackungen zwischen Umsatz und Umwelt

Unter diesem Motto starten wir unseren diesjährigen Sommerwettbewerb für alle Auszubildenden und Nachwuchskräfte.

Der Wettbewerb besteht aus drei Teilen:
1. Teil: Testen Sie Ihr Wissen.
2. Teil: Wenden Sie Ihr Wissen an.
3. Teil: Geben Sie Ihr Wissen weiter.

Die für die Teilnahme erforderlichen Unterlagen liegen in der Verwaltung bei Herrn Ahmet Arslan für Sie bereit.

Mitmachen lohnt sich! Die drei besten Ergebnisse werden prämiert:
1. Preis: Beska-Warengutschein im Wert von 200,00 €
2. Preis: Beska-Warengutschein im Wert von 100,00 €
3. Preis: Beska-Warengutschein im Wert von 50,00 €

Außerdem erhält jeder Teilnehmer eine Urkunde über die erfolgreiche Teilnahme an dem Wettbewerb.

Über die Preisvergabe entscheidet die Jury, bestehend aus dem Geschäftsführer, einer Abteilungsleiterin und einem Abteilungsleiter. Der Rechtsweg ist ausgeschlossen.

Die Geschäftsleitung

Klaus List

Teil 1 Wissen testen

Name________________________

Bitte bearbeiten Sie die folgenden Aufgaben. Geben Sie den ausgefüllten Lösungsbogen bis zum

________________________ bei der Geschäftsleitung ab.

Tragen Sie die Ziffer von der jeweils richtigen Lösung in das Feld ein.

Der Einzelhändler ist verpflichtet,
1. jeden Artikel kostenlos zu verpacken.
2. jeden Artikel gegen Entgelt als Geschenk zu verpacken.
3. Geschenkpapier unentgeltlich für die Kunden bereitzustellen.
4. gesundheitlich unbedenkliche Verpackungsmaterialien zu verwenden.

Die Faltschachtel eines Duschgels ist eine
1. Transportverpackung.
2. Umverpackung.
3. Verkaufsverpackung.
4. Geschenkverpackung.

Die Kosten für das duale System
1. werden auf alle Produkte umgelegt und vom Konsumenten bezahlt.
2. muss der Einzelhändler alleine tragen.
3. muss der Hersteller/Vertreiber von Waren alleine tragen.
4. tragen Hersteller und Händler gemeinsam.

Welche Lebensmittelverpackung schafft eine gute Orientierung für die Verbraucher?
Verpackungen
1. mit attraktiver Frontseite
2. mit gut lesbarer Zutatenliste
3. mit guter Flächennutzung im Regal
4. aus recycelbaren Materialien

Verkaufsverpackungen
1. werden vom Verbraucher zum Transport der Waren benötigt.
2. dienen dem Schutz der Waren auf dem Weg vom Erzeuger zum Einzelhändler.
3. sind zusätzliche Verpackungen in Form von Umkartons o. Ä..
4. dienen ausschließlich der Vermarktung von Produkten.

Der Einzelhändler ist zur Rücknahme von Einwegflaschen und Auszahlung des Pfandgeldes nur dann verpflichtet, wenn
1. er einen Rücknahmeautomat aufstellt.
2. die Einwegflaschen aus seinem Sortiment stammen.
3. er PET-Flaschen verkauft.
4. der Kunde Einwegflaschen aus Glas zurückbringt.

Bei dem dualen System handelt es sich um
1. ein privates Rücknahmesystem für Verpackungen.
2. eine Stelle des Einzelhandels zur Verwertung von Verpackungsmüll.

Durch die Mehrfachnutzung von Glasflaschen wird der Verpackungsaufwand
1. vermieden.
2. verringert.
3. vereinheitlicht.
4. vergrößert.

Alle Einwegverpackungen, die einen grünen Punkt tragen,
1. sind weniger umweltbelastend.
2. dürfen nicht zum Einzelhändler zurückgebracht werden.
3. sind mit Zwangspfand belegt.
4. sind ein Hinweis auf eine Beteiligung vom Hersteller/Vertreiber an dem dualen System.

Die Höhe des Pflichtpfandes auf Einweggetränkeverpackung ist
1. abhängig von der Recyclebarkeit der Verpackung.
2. einheitlich auf 25 Cent festgelegt.
3. von der Marke des Getränkes abhängig.
4. von jeden Einzelhändler selbst festzulegen.

Welche Maßnahme dient der Abfallentsorgung?
Der Einzelhändler
1. weist sein Personal zur sparsamen Verwendung von Packmaterial an.
2. vergrößert das Sortiment an Mehrwegflaschen.
3. bietet den Kunden Papiertragetaschen aus 100 % Altpapier an.
4. stellt Sammelbehälter für gebrauchte Batterien auf.

Welche Funktion der Verpackung ist bei einem Druck-Drehverschluss einer Flasche Abflussreiniger gewährleistet?
1. Schutzfunktion
2. Hygienefunktion
3. Vermarktungsfunktion
4. Sicherheitsfunktion

Teil 2 Wissen anwenden

Name________________________________

Entwickeln Sie für die Beska GmbH kundenorientierte Maßnahmen, die alle rechtlichen Vorgaben erfüllen und dazu beitragen, mit Verpackungsabfällen nachhaltig umzugehen. Gehen Sie dabei

- auf Verpackungen der Beska-Eigenmarke,
- auf im Geschäft verwendete oder den Kunden angebotene Packmaterialien und
- auf die Rücknahme von Verpackungen ein.

Maßnahmen	Ökologische Begründung	Rechtliche Vorschriften	Wirtschaftliche Auswirkungen

Teil 3 Wissen weitergeben

Name________________________

Entwerfen Sie einen Handzettel, den Sie für Ihre Kunden im Geschäftsraum auslegen: Informieren Sie Ihre Kunden über die ökologisch ausgerichteten Maßnahmen.

Beska
BERLINER SUPERKAUF
GMBH

Arbeitsblatt 47.1 Verpackungsfunktionen

Welche Funktionen erfüllt die Verpackung und welche Vor- und Nachteile resultieren aus ihr?

Verpackungsfunktion	Erklärung

Vorteile durch die Verpackung für ...	Nachteile durch die Verpackung für ...
Einzelhändler	Einzelhändler
Kunden	Kunden

Arbeitsblatt 47.2
Die Verpackungsverordnung im Überblick

Verpackungsart	Begriffsklärung	Beispiele	Pflichten für den Handel	Pflichten für den Hersteller	Freistellung von den Pflichten durch das duale System und andere Entsorgungsunternehmen
Transportverpackung					
Umverpackung					
Verkaufsverpackung (inkl. Serviceverpackung)					
Getränke-Einwegverpackung					

Aufgabe 1

Seit einigen Wochen bietet die Beska GmbH in der schnellen Theke vorverpackte frische Produkte, wie z. B. Obst, Gemüse, Fleisch oder Käse (so genannte Prepackings), an.

a) Nennen Sie Vor und Nachteile der Prepackings für den
- Einzelhändler und
- Verbraucher.

b) Beurteilen Sie die Maßnahme hinsichtlich ihrer Umweltverträglichkeit.

Aufgabe 2

Der Anteil von Senioren an der Bevölkerung hat bedeutend zugenommen und wird in Zukunft weiter wachsen. Welche Anforderungen sollen Verpackungen im Hinblick auf die Eignung für Senioren erfüllen?

Aufgabe 3

a) In welchen Verkaufsverpackungen werden unten stehende Artikel angeboten?

b) Welche Hauptfunktion erfüllt das jeweilige Verpackungsmaterial?

c) Handelt es sich bei dem Verpackungsmaterial um
👍 ökologisch vorteilhafte Verpackungen oder
👎 ökologisch nachteilige Verpackungen?

Artikel	Verpackungsart	Hauptfunktion	👎	👍
Milch				
Farben, Lacke				
Schreibgeräte				
Herren-oberhemden				

Aufgabe 4
Als Serviceleistung bietet die Beska GmbH das Verpacken als Geschenk an.

a) Welche Gesichtspunkte sind bei der Auswahl des Verpackungsmaterials zu berücksichtigen?

b) Was sollte man beim Umgang mit dem Verpackungsmaterial unter Berücksichtigung der Umweltverträglichkeit beachten?

Aufgabe 5
In der unten stehenden Abbildung ist der Kreislauf der dualen Abfallwirtschaft dargestellt. Ordnen Sie den Ziffern die entsprechenden Vorgänge zu.

Vorgänge:
Lizenzgebühren, Lieferung von Sekundärrohstoffen, Entsorgung von Verpackungen, Lieferung von Verpackungen, Finanzierung über Lizenzgebühren, Lieferung von verpackten Produkten, Sortierung und Verwertung von Verpackungen, Lizenzvergabe, Verkauf von verpackten Produkten

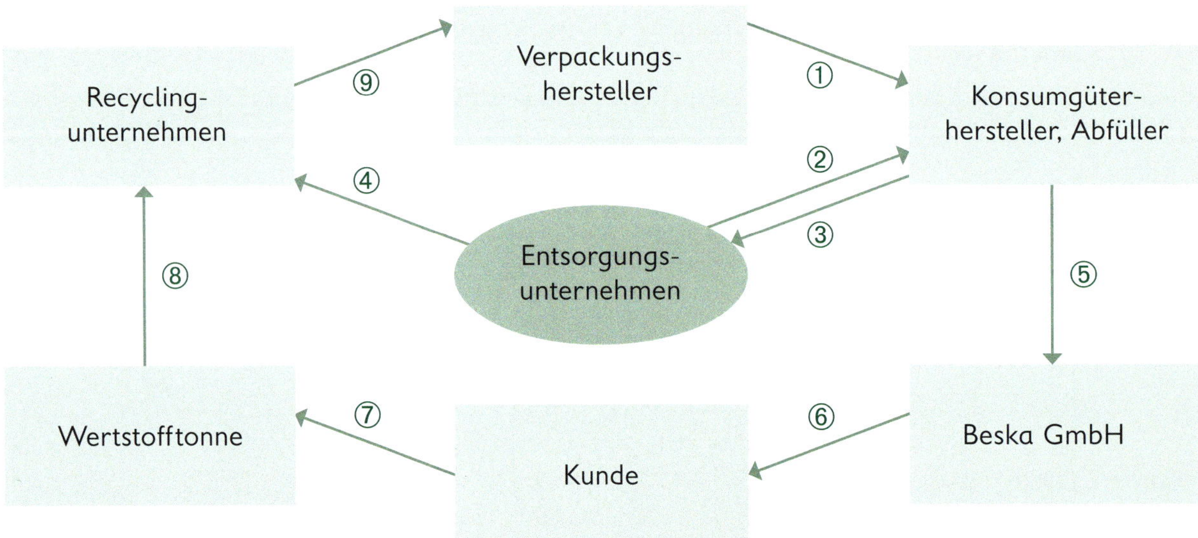

①

②

③

④

⑤

⑥

⑦

⑧

⑨

Aufgabe 6

Zusammenfassung von Lernfeld 5: Bitte vervollständigen Sie das folgende Schaubild.

Werbung und Verkaufsförderung bedeuten für den Einzelhändler …

bei der Absatzwerbung verschiedene Arten der Werbung, wie z.B.

____

____

______________________________,

zu nutzen und dabei die Werbegrundsätze, wie z.B.

____

____

______________________________,

zu beachten.

im Rahmen der Werbeplanung folgende Punkte, wie z.B.

____

____

______________________________,

festzulegen und den Erfolg der Werbung mit verschiedenen Kennzahlen, wie z.B.

____

____

______________________________,

zu bewerten.

auch auf Maßnahmen der Verkaufsförderung, wie z.B.

____

____

____

zurückzugreifen und dabei auch Geschenkgutscheine und verschiedene Arten von Coupons, wie z.B.

____

____

______________________________,

einzusetzen.

dem Verbraucherschutz gerecht zu werden durch Beachtung des UWG und auf unzulässige geschäftliche Handlungen, wie z.B.

____

____

______________________________,

zu verzichten und irreführende geschäftliche Handlungen, wie z.B.

____

____

______________________________,

zu unterlassen.

Bildquellenverzeichnis

Commerzbank/Unternehmenskommunikation 129/2–129/8
Donath, Joachim, Berlin 88; 98; 101; 105; 108; 111; 114; 117; 148/alle Fotos mit freundlicher Unterstützung von Galeria Kaufhof, Berlin; 161/1–161/3; 165/1–165/5“
Fotofinder/Joker/Paul Eckroth 83/2
Global Refund Deutschland GmbH 135
Gottwald, Joachim, Berlin 130; 183; 185; 189; 202
iStockphoto 21; 63/2
Lange, Marek, Berlin 83/1
Lindner-Focke, Annette, Berlin 178/1–178/2/mit freundlicher Unterstützung von Groupe SEB/ Markenbereich Rowenta; 178/3–178/6
Mair, J., München 68
Media Markt TV-HiFi-Elektro GmbH 191
picture alliance 75/dpa; 83/3; 180/dpa
Schamuhn, Anette, Berlin 4/Foto Berten, Elisabeth, Berlin; 8; 16; 131
shutterstock 63/1
Wirtz, Peter, Dormagen 24; 165/6

Falls nicht alle Copyrightinhaber korrekt ermittelt wurden, werden wir berechtigte Ansprüche selbstverständlich im üblichen Rahmen vergüten.